WU CHANG

武昌历史文化丛书编委会／编

Wuchang Shuyuan

【武昌历史文化丛书】

武昌书院

蔡志荣　裴晓雷　著

武汉出版社
Wuhan Publishing House

(鄂)新登字 08 号
图书在版编目(CIP)数据

武昌书院 / 蔡志荣,裴晓雷著. — 武汉 : 武汉出版社, 2021. 10
(武昌历史文化丛书)
ISBN 978 - 7 - 5582 - 4624 - 1

Ⅰ. ①武… Ⅱ. ①蔡… ②裴… Ⅲ. ①书院 - 介绍 - 武昌区 Ⅳ. ①G649. 299. 634

中国版本图书馆 CIP 数据核字(2021)第 097822 号

武昌书院

著　　者:蔡志荣　裴晓雷
出 品 人:朱向梅
策划编辑:胡　新
责任编辑:胡　新　蔡文华
封面设计:马　波
出　　版:武汉出版社
社　　址:武汉市江岸区兴业路 136 号　　邮　　编:430014
电　　话:(027)85606403　85600625
http://www.whcbs.com　　E-mail:zbs@whcbs.com
印　　刷:湖北新华印务有限公司　　经　　销:新华书店
开　　本:787 mm×1092 mm　1/16
印　　张:12.5　　字　　数:160 千字
版　　次:2021 年 10 月第 1 版　　2021 年 10 月第 1 次印刷
定　　价:49.00 元

序　一
Preface

“求木之长者，必固其根本；欲流之远者，必浚其源泉。”一个城市的生命和灵魂，来自深厚的历史底蕴与坚实的文化内核；一个城市的品位和底气，离不开强大的文化自信与不竭的创新动力。挖掘历史资源、激活文化基因，事关精神命脉的传承，事关城市的永续发展。

有着近一千八百年建城史的武昌，历史悠久，文脉绵长。在这里，一座古城，风韵悠然，阔步前行，穿越千年沧桑；一处名楼，文人墨客，咸集诗赋，各领绝代风骚；一件大事，辛亥首义，敢为人先，改变中国历史；无数英豪，指点江山，前仆后继，浴血谱写辉煌。因为有了历史和文化的充分滋养，武昌始终生机勃勃、活力无限，为荆楚文化在中华文明总谱系中留下独特的基因和符号提供了丰富的给养。这片有着绚烂历史和强烈魅力的土地，一直等待着我们去发现、去感受、去领略、去彰显。

正因如此，我们有优势、有情怀，更有责任、有义务弘扬武昌的优秀历史文化，把武昌故事讲好，把武昌自信提升好，把武昌力量凝聚好。与其他展示武昌历史文化的论著不同，这套丛书全面系统梳理了多年散落在民间、口口相传的武昌老故事，通过精心的考证，深入挖掘其中蕴含的思想观念、人文精神和道德规范，并适应时代发展进行继承和创新，凸显出武昌发展的个性和魅力——从这个层面上讲，这套丛书的意义已经远远超出了文史资料的价值，它是武昌文脉的复现，为活化武昌文化遗产、树立武昌城市精神、提振市民精气神将作出独有的贡献。

丛书立足武昌历史根脉，突出武昌文化核心元素，在时间上自公元223年孙权建筑夏口城起至20世纪60年代，在空间上以武昌区现在的行政区划为主，分为“综合”“武昌人物”“武昌风物”“武昌景物”“武昌文物”和插画版“武昌指南”六个系列，将为武昌发展作出重大贡献的历史人物、影响历史进程的重大事件与武昌地域特色文化相结合，用群众喜闻乐见的语言讲历史故事、叙文化传统、说武昌古今。本书内容上具备理论高度、学术价值和思想深度，形式上明白晓畅，通俗易懂，能够激起读者情感共鸣，兼具历史性、时代性、知识性、可读性与权威性，可谓宣传推介武昌的集大成之作。

今天，武昌的经济体量已进入“千亿级”时代，站在新的起点，文化软实力正是提升我们综合竞争力和可持续发展能力的关键因素。习近平总书记说，“文化自信是一个国家、一个民族发展中更基本、更深沉、更持久的力量”，在建设创新型城区和国家中心城市核心区的征程上，我们更要“以古人之规矩，开自己之生面”，更要坚守中华文化立场，传承中华文化基因，展现中华审美风范。愿我们携起手来，共同努力，让传统文化与现实文化相融相通，让个体情感与集体情感同频共振，为新时代武昌的改革创新发展注入每一个人的家国情怀！

为策划、编纂和出版这套丛书，一大批专家学者以及许多市区老领导、政协委员都倾注了深厚的感情，为丛书的诞生奠定了坚实的基础，在此，由衷感谢他们为发展、延续武昌历史文化付出的巨大心血！

刘　洁

2018年12月

序　二
Preface

勤耕不倦，玉汝于成。历时三年，经过承编单位和各位专家学者、全体编辑人员坚持不懈的努力，《武昌历史文化丛书》6个系列38册图书全部编撰完成。此前，已有不少关于武昌历史文化方面的书籍出版，但大多只涉及某一角度或某一方面，唯有此套丛书全方位介绍了底蕴深厚、丰富多彩的武昌历史文化，多角度展示了武昌各时期的发展面貌，堪称集大成之作。

源远者流长，根深者枝茂。武昌城始建于公元223年，从魏晋至明清，都是历代县、郡、州、府乃至行省治所所在地，自古以来即为武汉地区的政治、经济、文化中心。受博大精深的荆楚文化滋养，武昌集书卷气与烟火味于一体，既是楚辞浪漫、黄鹤飘逸的千年历史文化名城，也是推翻帝制、创建共和的辛亥首义之地；既是绿水青山、生态宜居的滨江滨湖之城，也是经济领先、科教集聚的现代化城区，在中国历史上占有极为重要的地位。经历了惊心动魄的抗疫大战，武昌更加彰显出舍生忘死、勇往直前的英雄气概，焕发出浴火重生、淬炼成钢的蓬勃生机，展现了荆楚文化筚路蓝缕、开拓进取、自强不息的精神内涵。

《武昌历史文化丛书》本着高度的历史使命感，发扬严谨求实的优良传统，坚持政治性、思想性、艺术性相统一，从多个角度以不同专题讲述武昌历史的发展脉络，供读者鉴古知今、察往思来，从中获取智慧和力量。特别是最新编辑出版的《早期共产党人在武昌》等书，系统展示了这片革命热土上星罗棋布的红色文化资源，讲述了中国共产党在武昌艰辛而辉煌的峥嵘岁月，字里行间给人以强烈的思想启迪、精神激荡。每一个历史事件、每一位革命英雄、每一件革命文物，都展现了中国共产党的追求和梦想、情怀和担当、牺牲和奉献，生动诠释了武昌传承的红色基因、流淌的红色血液，无声地培育了我们共同的情感价值和理想追求，成为武昌文化软实力的重要组成部分，更是激励每个武昌人奋力拼搏新征程的强大力量源泉。

“风樯动，龟蛇静，起宏图。”当前正值“十四五”开局之年，“一带一路”倡议及长江经济带发展、中部地区崛起等多项国家战略纷纷聚焦湖北武汉，武昌正朝着建设更具认知度、识别度和美誉度的社会主义现代化城区加速奋进。从这一角度讲，《武昌历史文化丛书》的编辑出版正当其时，不仅传承和弘扬了地方优秀文化，守住了我们的城市根脉、个性与活力，而且能够强劲赋能提升城区品质和文化影响力，对推动武昌高质量发展具有重要且不可替代的作用。

不忘本来，方能开辟未来。武昌，有太多的故事值得述说，有太多的人物值得追忆，有太多的梦想需要延续。相信读者们翻开这套丛书，领略这片一百多平方公里土地的一山一水，品读这里历经了近1800年岁月的一街一巷，一定会深刻感受到其背后蕴含的人文情怀、价值追求和气质风范。最后，衷心感谢为丛书出版力笔勤耕、殚精竭虑的全体作者、专家委员会成员和武汉出版社的同志们！

余　松

2021年10月

序　三
Preface

酝酿已久的《武昌历史文化丛书》终于要正式出版了，作为一个历史工作者和这套丛书的专家委员会主任，我感到由衷的高兴，十分乐意借写序的机会，同大家分享一下我的几点感想。

第一，为什么要出版《武昌历史文化丛书》？

武汉三镇之中，当属武昌的历史最为悠久，早在春秋战国时期，楚国就在这一地区设有封君夏侯。三国时期，孙权将东吴政治中心迁鄂（今鄂州市），寓“以武而昌”之意，改鄂名为“武昌”，这是武昌之名的由来。公元 223 年，孙权在江夏山（蛇山）筑夏口城，从而开启了武昌古城的历史，至今已近一千八百年。从元代设湖广行省起至清末，武昌一直是省级大区域行政中心。北伐战争后，改武昌县为武昌市。1927 年，武汉三镇在行政区划上正式统一为一市。1949 年武昌解放后，成为中共湖北省委、省人民政府所在地，在 1952 年调整区划后，正式成立武昌区人民政府。

千百年来，武昌因其独特的地理区位，始终处于社会变革的最前沿，承载着中华民族波澜壮阔的历史变迁，书写着气势磅礴的历史画卷。武昌人文底蕴深厚。屈子行吟，崔颢题诗，李白唱和……近代以来，张之洞督鄂，兴实业，办教育，练新军，新旧学堂并起，东西文化交融，风气大开，武昌由此奠定了全省文化中心的地位，诚如张之洞题黄鹤楼楹联中云：“昔贤整顿乾坤，缔造先从江汉起；今日交通文轨，登临不觉亚欧遥。”武昌自然风光秀丽。东湖、沙湖、紫阳湖等，妩媚多娇；洪山、蛇山、珞珈山等，玲珑别致；黄鹤楼、宝通寺、长春观等，景色优美。山灵水秀，人文荟萃，让武昌成为最适宜居住的城区。

武昌历史悠久、文化厚重、科教区位优势明显，是武汉的城市文化名片，而《武昌历史文化丛书》正是一套向世人充分展示武昌这座历史文化名城的独特魅力和风采的作品。

第二，如何编好《武昌历史文化丛书》？

武昌是武汉文脉沉淀之地，积累了丰厚的文化资源，如黄鹤楼文化、辛亥首义文化、名人文化等，此前也有若干零星介绍武昌历史文化的图书，而这套丛书则是第一次全面系统梳理千年古城的历史文化、系统挖掘武昌历史文化资源的重要工程。

本丛书在整体设计上分为六个系列，形式新颖，内容全面，体系完整，时间上从公元223年至1960年代；空间上以现有武昌区行政区划为主，必要时以历史上的大武昌概念为界定，将为武昌发展作出重大贡献的历史人物、影响历史进程的重大事件与武昌地域特色文化相结合，激活武昌文化基因，展现真实、立体、全面的武昌，集中呈现武昌深厚的文化底蕴。

在作者的选择上，着重选择了对武昌历史文化素有研究的专家学者；在内容上，利用新史料，体现研究新成果，集历史性、权威性、知识性、可读性于一体；在形式上，采取图文并茂的形式。

第三，编撰《武昌历史文化丛书》的意义何在？

习近平总书记在党的十九大报告中指出：“文化兴国运兴，文化强民族强。没有高度的文化自信，没有文化的繁荣兴盛，就没有中华民族伟大复兴。”只有对自身文化有高度的自信，才可能带来武昌的繁荣兴盛。在新时代下，启动这套丛书的编撰，既体现了武昌区委、区政府的远见，也可谓正逢其时。

该丛书既是在新时代第一次全面、系统挖掘武昌历史文化资源的重要文化工程，也是响应市委、市政府建设“历史之城、当代之城、未来之城”号召的实践成果，更是加快建设现代化、国际化、生态化大武汉，全面复兴大武汉的具体举措，功在当代，利在千秋。

本丛书立足武昌，深入挖掘其中所蕴含的思想观念、人文精神、道德规范，并结合时代要求继承创新，突出展示武昌最具特色的核心文化元素，集中挖掘城区的文化根脉，讲好武昌故事，传承历史文化记忆，对于传承武昌区优秀的历史文化、提升居民文化自信、推进城区文化建设具有重大的现实意义，必然成为武汉市打造国家中心城市和世界亮点城市规划中绚丽的一环。

关于学习历史的意义，习近平总书记在中央党校建校 80 周年庆祝大会暨 2013 年春季学期开学典礼上讲道：“学史可以看成败、鉴得失、知兴替。”从武昌悠久、丰厚的历史文脉当中，我们也一定可以看清她的成败、得失、兴替，从而以更加清醒的头脑和更为厚重的历史感，借改革开放四十年的东风，更好地了解武昌、建设武昌、发展武昌。

是为序。

马 敏

2018年12月于武昌桂子山

目　录/Contents

第一章
武昌书院的发展概况

书院是中国古代社会特殊的教育组织形式，产生于唐朝中后期，兴盛于两宋，发展于元朝，明清两朝普及繁盛。书院最初是官方修书、收藏典籍的文化机构，后发展成为民间教育机构，在长期的发展过程中，书院综合并改造了官学与私学的一些成分，形成了自己的特色。书院是我国私学发展的高级形态，它以私人创办和主持为主，却又高于一般私学。书院教学资源丰富，有大量藏书，学生在教师指导下自学；教学和学术研究并重；有独特的管理方式与相对稳定的经费来源。书院独立于官方教育体制之外，吸收了官学的一些优势如组织化管理，但教学模式又比官学灵活，形成了许多鲜明的特点。因此，在中国古代地方教育体系中出现了官学、私学和书院平行发展的格局。

书院在发展过程中逐渐形成了相对稳定的基本功能。从性质来看，书院既不同于官学，也不同于一般的私学。元朝时书院开始得到政府的支持，清朝时书院发展趋向官学化，得到了官方的引导和经费支持。但是从总体上看，书院仍然独立于官学教育体系之外，除官府建立的书院外，更多的乡村书院、家族书院主要由民间集资建立，并依靠民间力量发展。在招生方面，书院面向下层社会招收平民子弟，具有明显的平民气质，同时也打破了官学的地域性限制。从教学目的上看，书院并不把科举入仕作为学生学习的唯一目的，而是力求学生道德和文化素质的提高，重视学术研究和流派传承。书院与私学在依靠力量、培养对象、教学目的等方面类似，但是书院在宋代就已经具备了讲学、藏书、祭祀三大主要功能，教学制度和管理制度都十分规范且相对完备。

书院作为中国古代重要的教育机构，存在时间长、分布地域广、普及程度高，在培养人才、传承文化、学术研究、藏书刻书、民风教化等方面发挥了重要作用。

一、武昌书院的发展历程

长江、汉江在武汉市交汇，使武汉市形成了武昌、汉口、汉阳三镇鼎立的格局。武昌地处长江以南，与长江北侧的汉口、汉阳隔江相望。

明代《江汉揽胜图》

武昌城有近 1800 年的历史。三国时期孙权为和曹操争夺荆州，在鄂县（今鄂州市）建都，并将其更名为“武昌”，取“以武治国而昌”之意。公元 223 年，孙权在江夏山（今蛇山）西北筑土石城，取名夏口城，今武昌地区开始有城。该城方圆二三里，实为地势险要的军事堡垒。公元 280 年，西晋将江夏郡改为武昌郡，夏口城成为县级行政中心。公元 454 年，南朝宋孝武帝在夏口设郢州，郢州城成为地区行政中心。公元 589 年，隋文帝改郢州为鄂州。公元 1301 年，元朝改鄂州为武昌路，鄂州城从此改称“武昌”，成为管辖江南五省的大地区行政中心。明清时期武昌被称为“湖广会城”。清朝时，汉阳府和武昌府分设长江两岸，府城隔江相望，湖广总督衙门驻地在武昌，汉阳府的汉口镇则为当时中国四大名镇之一，是著名的商业中心。1911 年 10 月 10 日，辛亥首义在武昌爆发，武昌成为革命中心。1927 年，武昌、汉口、汉阳合并成

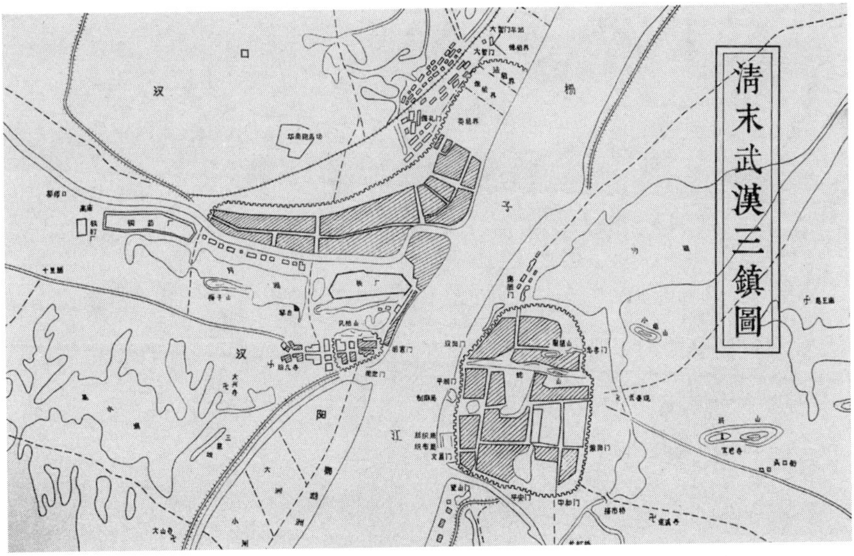

清末武汉三镇图

蛇山

武汉市，是当时中国内陆最大的交通枢纽，也是中国的经济地理中心，被称为“九省通衢”。

绵延数里、横亘武昌的蛇山，算得上是武昌的文脉之所在。从西头的黄鹄山到东边的东山（今洪山），人们在上面兴教办学，演绎了一部完整的武昌地区文明史。宋代以前，由于地理位置重要，武昌一直作为政治、军事重镇而存在，史册中关于今武昌地区的记载，大都与战争、军事相关，很少有文化教育方面的记载，更缺少文字来说明武昌的学校状况。很长一段时间内，武汉地区的文化和教育水平甚至不及襄州、黄州等地。传说中尉迟敬德曾读书的正心书院、岳飞曾读书的灵山书院，虽名为书院，实与后世讲学的书院大相径庭，只不过是这些名人读书的一个场所而已。

武昌地区出现最早的书院为东山书院。据《湖广图经志书》卷二记载，东山书院位于黄鹄山东，建于宋代，是“东方朔读书处”，明代曾有楚王宗室写诗：“当时虽向东山读，未是皋陶稷契书。”不过，东山书院虽名为“书院”，但它实际上并没有教学活动，可能只是一个祭祀名人（东方朔）的地方。

今武汉地区出现的第一个有实际教学活动的书院，是宋代朱熹的女婿黄榦在汉阳凤栖山创办的凤栖山书院。此时，武昌地区真正意义上的具有一定规模的书院还没有出现，只从黄鹄山边的官学和一些简陋的小庙、斋庐里传来稀疏的读书声。从南宋到元，中国的政治、经济、文化重心逐渐南移。元代武昌地区是湖广行省的治所，地位逐步上升，这为以后武昌地区文化教育的发展奠定了良好的基础。到了明代，武昌地区开始创设书院，这些书院的创设也是武昌成为湖北地区文教中心的标志。

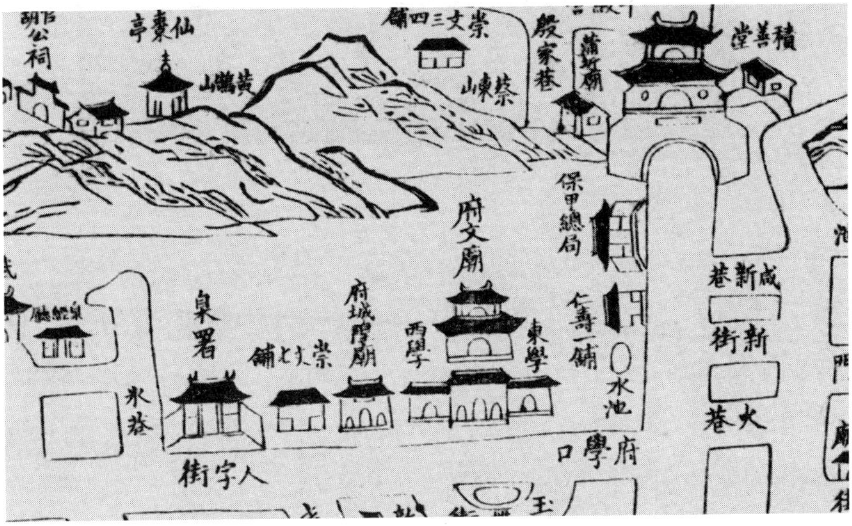

《1883 年湖北省城内外街道总图》中的武昌府文庙

武昌贡院大门

武昌贡院旧址（1920 年摄）

明清时期，武昌地区为湖广总督署驻地，武昌府学、江夏县学也皆设于此。当时，在武昌地区的地方教育机构中，最基础的是私塾和义学，中等教育为武昌府学、江夏县学等官学，官学的主要办学目的是为朝廷培养人才。此外，为举办科举考试和祭祀活动，武昌地区还建有贡院和文庙。

武昌地区较早设立的书院是江汉书院，由湖广提学副使葛寅亮创建。清雍正年间，官方将江汉书院定为省直书院，是当时湖北省级别最高的书院。

清同治和光绪年间，全国书院的数量快速增长，创造了书院历史上的辉煌时期。张之洞督鄂时，武汉地区的教育发展迅速，无论是私学还是官学，都盛况空前。这一时期，武昌城内先后建立的书院有多所，其中江汉书院、经心书院、两湖书院并称“武昌三大书院”。三大书院中两湖书院规模最大，既是湖北也是全国最早的新式书院之一，曾名噪一时，与广东的广雅书院齐名。

明清两代，武汉地区书院众多，其中有13所在武昌，分别为：江汉书院、东山书院、芹香书院、濂溪书院、紫荆书院、清风书院、勺庭书院、大观书院、经心书院、高观书院、两湖书院、张公书院、大槐书院。

江汉书院 武昌地区设立较早的书院之一，明万历四十四年（1616）葛寅亮任提学副使后主持创办，因临江、汉二水而得名。清顺治年间，湖广左、右布政使黄志遴、张尔素和福建布政使翟凤翥将其移至忠孝门内巡道岭（今粮道街东段武汉中学老校区处），修建斋舍，储书教士。康熙元年（1662）江汉书院得以重新修建，康熙四十九年（1710）后，湖北巡抚陈诜、张连登相继将书院重修。雍正十一年（1733）书院奉敕扩建，升为省直书院，山长夏力恕主持修建了十贤祠、德教祠。乾隆四年（1739）湖广总督德沛、湖北巡抚崔纪对书院进行扩建，捐资拓地，修建楼房号舍。光绪二十六年（1900），湖广总督张之洞调整武昌两湖、经心、江汉三书院的课程，因江汉书院校舍不足，将江汉书院的部分学生划归经心书院。随后因书院改革，江汉书院停办。江汉书院因为受到官方重视，办学资金相对充裕，跨越明、清两朝，是

《1883 年湖北省城内外街道总图》中的江汉书院、勺庭书院

武昌地区存在时间最长的书院。

芹香书院 旧为社学，明成化年间湖广提学使薛纲在旧社学基础上改建而成，正德年间提督学政蔡潮将它拓建增修。

濂溪书院 位于武昌府学前，旧为社学。明正德年间，湖广提学高世泰建于武昌文昌门内。明嘉靖二十四年（1545），都御史张雨改建。崇祯六年（1633），御史白士麟移建于明月桥西，书院右侧为濂溪祠，祠前凿池，引明月湖湖水种莲，立坊额曰“爱莲”。

清风书院 在武昌蛇山南、清风桥西，清代湖北巡抚张朝珍建。

紫荆书院 同治《江夏县志》记载，紫荆书院为清代布政使黄志遴所建，地点在武昌忠孝门外。

勺庭书院 清康熙三十九年（1700）创办，设在武昌忠孝门内巡道岭（今粮道街东段南侧）朱家巷，原为督学薄有德藏书的地方。“勺庭”是薄有德的号，后人用他的号为书院命名以示纪念。书院有藏书 4 万余卷，为湖北历代书院中藏书最多的书院之一。清代著名书法家张裕钊于

1853 年曾受聘主讲勺庭书院。1854 年，曾国藩进兵湖北，听说张裕钊在鄂，便召他进入戎幕参办文案，此后张裕钊跟随曾国藩十余年。当时张裕钊的同僚各有升迁，唯张裕钊“独以治文为事”，并不热心政治，所以始终未得一官半职。他绝意仕进，转而致力于教育、文学和书法领域。1871 年起，张裕钊先后主讲江宁（今南京）凤池书院、保定莲池书院、武昌江汉书院、襄阳鹿门书院等。1903 年，勺庭学院改为武昌府中学堂。

大观书院　设在大观山一侧（今武昌蛇山之北）。清同治初年创建，光绪三十二年（1906）改为江夏县初等商业小学堂。

高观书院　清光绪十年（1884）创建于武昌宾阳门内，湖北巡抚彭祖贤拨款二千金助膏火（指学生在书院读书时由书院发放的生活补贴），邑人曾继志、夏建寅等捐款修建。1906 年改为江夏县立高等小学堂。

张公书院　创建时间不详。光绪十六年（1890）江夏县（今武昌）城镇图上载此书院名，位于武昌城北角。

《1883 年湖北省城内外街道总图》中的大观书院

《1883 年湖北省城内外街道总图》中的高观书院

大槐书院 创建时间不详。光绪十六年（1890）江夏县（今武昌）城镇图上载此书院名，位于武昌后宰门东端。

经心书院 清同治八年（1869）建立。张之洞任湖北学政期间，认为江汉书院规模小，不能招收更多的学生，便商请湖广总督李鸿章建经心书院，院址在武昌三道街文昌阁。同治九年（1870），经心书院改迁至火星堂，湖广总督李鸿章、湖北巡抚郭柏荫拨公款增加学生膏火，湖北学政张之洞捐出自己的俸禄为书院添置图书。经心书院开设的课程有经解、史论、诗赋、杂著等。光绪十七年（1891），湖北学政赵尚辅捐廉，将经心书院迁回三道街原址，更名为经心精舍，规制仍旧。光绪二十三年（1897）书院改革后，除原有科目外，增设外政、天文、格致、制造 4 门课程，每门设分教 1 人。所设 4 门课程学生分年轮习，无论所习何门，均须兼习算学。学生中有愿习西文者，则由通晓西文的分教教导。光绪二十五年（1899），课程更改为天文、舆地、兵法、算学。开始时学生只学1门，逐日听讲，后改为 4 门兼习。随后又增设图画、格

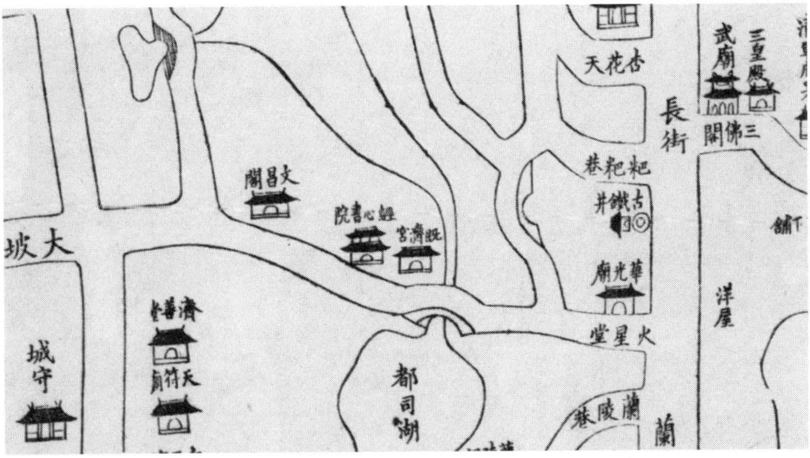

《1883 年湖北省城内外街道总图》中的经心书院

致、几何、体操等科，体操科中尤重兵操。学生所学各科，每月考课 1 次，每科以 6 分为满分。学生住校，宿舍分为 4 斋，共 8 栋，每栋 20 室，每室 1 人。书院后山建有天文台 1 座，供师生观测天象用。书院设监督 1 名，总理书院一切事务。光绪二十八年（1902），经心精舍更名为勤成学堂。

两湖书院　清光绪十六年（1890），湖广总督张之洞在武昌都司湖畔创建两湖书院，又将火星堂经心书院部分并入两湖书院，书院地址在今武昌实验小学、武汉音乐学院、武汉市第四十五中学及武汉大学人民医院一带。两湖书院的学生名额湖北、湖南各有 100 个，归两地的学政调录。另外有商籍学生名额 40 个，由书院甄别收录。书院开办初期经费主要来自湘、鄂两省茶商捐款，故书院名“两湖书院”。书院学生住院，每月有膏火银，有朔望两试（每月初一、十五考试），书院按成绩给予奖赏。书院课程初设经学、史学、理学、文学、算学、经济学 6 门，其中算学、经济学始终虚悬，未曾授课，实际上只开设经、史、

两湖书院旧址（今武汉音乐学院内）

理、文 4 门。每门设分教 1 人，均由总督聘任。所聘教学人员均为当时名流，如清代著名地理学家、书法家杨守敬（湖北宜都人），近代早期的教育家、数学家、翻译家华蘅芳（江苏无锡人），浙江学者、书法家沈曾植等。书院当时人才济济，盛极一时，张之洞感叹“吾分教皆为海内绝学也”。光绪二十三年（1897）书院改革后，课程设有经学、史学、舆地、算学 4 门，图学附于舆地，嗣后又将舆地 1 门改为兵法，兵法又分为兵法史略学、兵法测绘学、兵法制造学 3 类。后两湖书院又增设格致、体操、地理、数学、博物、化学等科，是湖北省最早开设理科课程的书院。改革后的两湖书院有严格的招考制度，招录有经史基础、年龄在 25 岁以下的男性入书院肄业，寒、暑假前各大考一次，张之洞曾亲自主持考试。学生修业 5 年期满，或择优请奖录用，或资助留学深造，或学不成则令其归家，另招录新生。两湖书院开办十余年，卓有成效，与广东的广雅书院并称“晚清全国两大书院”。书院培养了大批人才，如革命志士唐才常、中华民国开国元勋黄兴、京师优级师范学堂首任监督陈问咸等，皆毕业于两湖书院。光绪二十九年（1903），两湖书院改为两湖文高等学堂，又称两湖大学堂，属大学预科性质。两湖文高等学堂办学 1 年后，又改为两湖师范学堂，亦称两湖总师范学堂，因学员名额有 1200 个，故又被称为“千师范”。

二、书院改制及教会书院

（一）晚清书院改制

清末，各地府州县学基本已经丧失教学的功能，仅成为地方祭祀、考课的场所。书院则成为地方科举考试演练的场所，中举的人数成为检验书院教学质量的指标，此时书院的教学内容与科举考试的内容一致，以“四书五经”及八股文为主要内容。

第一次鸦片战争以后，西方列强纷纷入侵中国，中国传统的制度如人才培养制度和选才制度等，受到巨大冲击。当时中国的西学人才严重匮乏，晚清时期掀起的洋务运动和维新运动逐渐改革传统教育，以培养通晓西学的人才。书院改制在光绪初年已见端倪，到清朝末年基本上完成了从传统书院到新式学堂的改制。

书院在长期的发展过程中产生了许多弊端，而且越积越深：书院山长、教师素质不高；书院的规章制度执行不力，导致它们形同虚设；书院学生不务正业，品行恶劣，游手好闲，有时纯粹为了混膏火银待在书院；书院经费困难且管理混乱，一些官员挪用经费……更严重的是，书院的教学内容、教学方法和教学目标与社会发展需要脱节，这是书院需要改制的根本原因。1898 年张之洞在《劝学篇》中说：“中国书院积习，误以为救济寒士之地，往往专为膏火奖赏而来。”可见当时书院已经从培养人才的地方变成了“救济院”或者追求名利的场所，种种弊端暴露无遗，改革书院、改革传统教育逐渐成为社会共识。“书院是传统教育中唯一值得注意的制度。新的学堂，因受到经费与人才的限制，一时无法迅速增加，书院便成为新旧教育转变过程中一个重要场所。”① 总的来讲，书院的改革一方面受到西方列强带来的外部压力的影响，另一方面也因为书院自身积弊太深而不得不进行改革。

（二）教会书院的出现

教会书院是西方传教士创办的书院，第一次鸦片战争结束后开始在中国出现。与传统的书院不同，教会书院的办学方法和教学形式都体现了西方文化与中国传统文化之间的微妙关系，教会书院因此也成为中国近代书院史上独特的存在。

最早出现在中国的教会书院是1842年英国传教士在香港建立的马礼逊书院。1843年，原设在马六甲的、由马礼逊创建的英华书院也被搬到了香港，此后，传教士陆续在中国创办教会书院。传教士创办教会书院的主要目的是传播西方宗教文化，为了达到这一目的，传教士首先会了解和学习中国文化，然后在书院中用中文授课和传教。教会书院的教学活动，以及在华传教士参与的西方经典与儒家经典的互译活动，实际上起到了中西文化交流纽带的作用。福州的鹤龄英华书院的教师在教授《圣经》和中西文史的同时，还教授代数、几何、电学等知识。上海的圣约翰书院则开设了医学课程。上海中西书院的林乐知在洋务运动时期就是江南制造局的翻译，他主编的《万国公报》是西方文化在中国传播的重要载体。教会书院对西方科学知识的译介也使得教会书院被中国人接受的程度大大提升。教会书院引入西方科

① 苏云峰：《张之洞与湖北教育改革》，台北“中央研究院”近代史研究所1983年版，第61—62页。

马礼逊与中国助手在一起

光緒二十五年歲在己亥 正月

萬國公報

西歷一千八百九十九年 二月

上海美華書館校刊

FEBRUARY, 1899.

萬國公報

WAN KWOH KUNG PAO.

A REVIEW OF THE TIMES.

NEW SERIES—EDITED BY REV. TIMOTHY RICHARD

(Published on the 15th of each Foreign Month.)

VOL. XI. NO. 121. CONTENTS. WHOLE NO. I.

SOCIETY FOR THE DIFFUSION OF CHRISTIAN AND GENERAL KNOWLEDGE AMONG THE CHINESE.

林乐知创办的《万国公报》

学课程，并与其他教会学校一起翻译自然科学的教材，这对中国传统书院的教学内容、教学观念等都产生了较大影响。虽然教会书院在近代中西文化交流中起到了媒介的作用，但教会书院毕竟以传播宗教为目的，由于中国的大部分知识分子难以接受西方的宗教信仰和习惯，故教会书院并未成为中国书院改革的方向，而是成为启发传统书院改革的引子。

第二次鸦片战争以后，西方国家的势力进一步侵入中国内地，1858年签订的《天津条约》规定增开汉口为通商口岸，同时，西方国家获得了在中国内地自由传教的权利，西方传教士开始在武汉创建教会书院。教会书院免收学费，学生主要为贫苦教徒子弟或孤儿，教会书院的办学经费主要由各自所属教会提供。教会书院招收学生日益增多，社会影响力也不断增强。武昌地区影响比较大的教会书院有文华书院、博文书院和懿训书院等。

❶ 文华书院

1861 年，英国伦敦会传教士杨格非来到汉口，他是第一位深入华中地区传播基督教（新教）的传教士。1862 年，英国循道会传教士郭修理紧随杨格非之后来到武汉。美国圣公会也于 1868 年派传教士到武昌传教。在这种背景下，教会书院也陆续出现在位于内陆的武汉。1871 年 10 月，为纪念传教士文惠廉，美国圣公会在武昌青龙巷横街头创办了文氏纪念学堂，后该学堂迁至昙华林，发展成为武昌第一所教会书院——文华书院。

文华书院的教学内容既有“四书五经”，也有《圣经》，还开设有英文、算术、格致（自然科学常识）等课程。1874 年，美国圣公会的布伦女士捐资创办布伦女校。该校最初设在文华书院内，1899 年更名为“圣·西理达女子学校”，1912 年校址迁往武昌小东门外新建的校舍。布伦女校的学生除学习规定的课程外，还学习缝纫、手工、烹饪等。

杨格非像

文惠廉像

1890年，文华书院进行了课程改革，增设了数学、物理、化学、体操、音乐、美术等许多课程，教材均采用美国原版教科书，同时还开设国文、历史等课程，并逐步提高各科难度，用英语和汉语同时教学。文华书院设有文娱室，学生课余可自由选择活动内容。学制方面，文华书院共分为六个年级，每个学年分为两个学期，每周休息一天，每年有寒假和暑假。

大约在1878年，文华书院开办了神学班，主要培养各地教会所需的神职人员，该班后来发展为文华大学的神学院。1903年，文华书院增设大学部。1909年，文华书院在美国哥伦比亚特区注册，改名为“文华大学校”。1924年，文华书院大学部合并另外两所书院的大学部，更名为“华中大学”，中学部则改名为“武昌文华高级中学”，同在昙华林校园内。

新中国成立后，华中大学由私立改为公立。1952年大专院校调整，

建设中的文华书院

文华书院的职员（1899 年摄）

文华书院的毕业生（1899 年摄）

文华书院旧影（1906 年摄）

私立华中大学校门

华中大学与另两所大学合并，迁址桂子山，成立华中高等师范学校（1953年更名为华中师范学院，为今华中师范大学前身）。文华中学响应政府号召，由昙华林迁至粮道街原中华大学校园（面积23亩），校名改为华中师范学院附属中学（简称“华中师院附中”）。1956年，华中师院附中由武汉市教育局接管，改名为武汉市第三十三中学，1985年又恢复“武昌文华中学”的校名。

文华书院翟雅各健身所

今日武昌文华中学校门

❷ 博文书院

1885 年，英国循道会在武昌创办博文书院。书院刚开办时只有 16 名学生，校舍也靠租赁。1890 年，博文书院自购土地建成校舍，学生也逐渐增加到 70 多人。1928 年，博文书院更名为博文中学。1952 年，湖北省教育厅对中学进行校际调整，将博文中学、武昌中学、东湖中学三校合并为武昌第二中学，规模为全省之冠。1954 年改名为武汉市第十五中学，1962 年被定为武汉市重点中学，是一所全日制完全中学，2006 年 4 月成为省级示范学校。

❸ 懿训书院

1861 年汉口开埠后，外国教会开始在武汉兴办女子学校，这些女子学校成为武汉近代女子教育的发端，武汉地区的教育史从此翻开了新的

博文书院牌楼（20 世纪 20 年代）

博文书院东界碑

一页。据不完全统计，1949年前，武汉共开设有布伦女校、训女中学、懿训女中、圣罗以女子中学、圣若瑟女子中学等10多所女子学校。这些学校的创办，客观上使武汉地区的女性有机会较早接受近代科学文化知识。

1897年，英国传教士富世德之妻在武昌县华林创建懿训书院。书院开办之初，不收学费，家境贫困者免交伙食费。书院开设小学和中学，学制八年，开有英语、“四书五经”课，可谓中西结合。书院还开有家政常识课，为必修课，旨在培养女性操持家务之能力，书院还注重培养学生的淑女气质。宗教活动是懿训书院最重要的活动，学生早晚须做祷告，周日要到礼拜堂做礼拜。书院校训为“求实学，做好人”，要求学生追求真学问，反对混文凭。懿训书院的学生入学和毕业都要经过严格的考试，即便是音乐课不及格也不能毕业。1922年，懿训书院校址迁至汉阳东门，1931年再迁汉口。1933年增设高中部，同时改名为私立懿训女子学校。1953年被人民政府接管，为现武汉市第二十一中学前身。

教会书院之所以称“书院”，是因为其与传统书院在表面上颇有一些相似之处。首先，两者都属于民间办学，游离于当时的官学之外。教会书院实际上和中国当时由儒家士大夫主持的传统书院一样，都属于私学性质。其次，从教学内容上看，两者均开设中国传统的经学课程。文华书院开设之初，学生大约有一半时间学习“四书五经”，教学方法也和中国旧式书院基本相同。懿训书院专门开设经学课程，讲授《中孟》《下孟》，其他教会书院也大体类似。不过，基督教文化和中国传统社会的主流文化是两种异质文化。教会书院的办学目的绝不在于弘扬中国传统文化，以“书院”命名和开设经学课程只不过是为了适应中国的社

位于昙华林的懿训书院旧址

会环境，拉近与中国民众之间的距离，消除二者之间的隔膜。传播近代自然科学知识，引领文化发展潮流，填补中国教育空白，运用教育手段带动中国的社会变革，从而有效地掌握中国的未来（即实现所谓“中华归主”），才是教会书院开办的最终目标。因此，从本质上看，教会书院是移植到中国的西式学校，经学课程其实是可有可无的。不过，在实践过程中，武汉地区的教会书院迎合了当时学习西方的时代潮流，不仅将西方科学知识带到武汉，而且在很多方面开风气之先，尤其是开设女子教会书院，对于促进近代武汉女性主体意识的觉醒有着不容忽视的意义。

（三）教会书院的影响

近代以来，西学主要通过两种途径进入中国的教育领域：一种途径是传统书院或新式学堂在教学内容中引进西方的社会科学和自然科学知识，另一种途径是西方传教士在通商口岸建立以中国人为教育对象的教会书院和其他教会学校。传教士创办教会书院和教会学校比中国传统书院改革要更早一些。文华书院最初为初、高两级完全小学，除了教授“四书五经”和宗教知识外，还开设算术、地理等课程。到 1890 年，美国传教士贝锡鼐任文华书院监督（即校长），他改革教学内容，增设了英文、体操等课程，又设立文娱室，供学生课外活动使用。在学制方面，贝锡鼐将学制改为六年，并逐步推行班级制、记分制、升留级制。学生实行住读制，除寒暑假外，平时不许轻易步出校门。经过这次改革，文华书院已成为一所新式中学，这样的学校在武汉地区乃至我国内地都是首例。1903 年，为满足书院毕业生升学的需要，文华书院又增设大学部，学制三年，称“正馆”，原中学部和补习班则称“备馆”。从备馆毕业的学生，可继续升入正馆学习。因正馆设有理科，故又被称为“格致馆”。

在武昌近代的教育体系中，教会书院最早开设数理化之类的新式课程，具有开风气的作用。西方社会科学知识也是教会书院教学的重要内容。文华书院作为西方文化传入武汉的最早窗口，在光绪十六年（1890）首开西洋史课程，光绪二十九年（1903）以后，每周都有三小时的史纲课，两小时的地理或欧洲史课，讲授《世界通史》和《英国历史》《法国历史》《美国革命史》等。其他教会书院如博文书院等，在开办之初即开设外国历史课和世界地理课，全用英文课本，这些课本从伦敦购运而来。西方自然和社会科学知识在书院的传播，扩大了中国学生的

文华书院的自然科学教师 Howard Richard 与其助手（1905 年摄）

1908 年文华书院成立学生管乐队

眼界，对他们的思想产生了巨大冲击，使他们意识到应该像法国和美国革命那样，以民主、自由、平等、博爱等思想为武器，反抗封建专制统治，推翻清政府，建立资产阶级共和国，使中国像西方国家一样走上富强之路。书院的很多学生因此投身革命，如1906年成立的革命团体日知会，其骨干就是文华书院的学生。

教会书院都非常重视英语教学。例如，文华书院开办后期，除经学外的课程都用英语讲授，大部分师生都能较熟练地使用英语，从而能优先涉猎西方知识。英语课的设立为中西文化交流开辟了新渠道，有助于推进中国的近代化进程。

汉口开埠后，外国教会开始在武汉兴办女子学校，这些学校是武汉近代最早的女子学校，改变了中国传统女子教育中“有女学，无女校”的历史，起到了开风气的作用。1874年在文华书院内创立的布伦女校，开武汉地区设立女子学校之先河。女子离家上学在当时的中国几乎是不可能的事，故该校在创办之初社会舆论压力很大，很长一段时间内布伦女校的学生只有10人左右。教会学校极力反对缠足和纳妾，19世纪末更是大力提倡女子体操。训女书院和懿训书院则专收女生，实行学生住读。训女书院反对缠足，提倡女子体育，规定必须检查来校的学生是否裹足，一旦发现，就要没收裹脚布。懿训书院除每天做体操外，还开设家政常识课，教学生如何做家庭主妇。

教会书院很重视体育。19世纪90年代，文华书院就有大型的运动场，开展棒球、足球等体育活动，是武汉地区最早开展体育活动的学校。1899年，武昌文华书院成立学生足球队。1901年至1910年间，教会学校开始举办校际足球比赛。1901年5月11日，武昌文华书院、博文书院和汉口博学书院三所教会学校在文华书院举行校际运动会，当时被称为“试验性田径运动会”，竞赛项目有赛跑、跳高、跳远、拔河、

文华书院运动场（1905 年摄）

掷铁饼等，这是武汉地区最早的校际运动会。同年，文华书院还效仿美国中学的做法建立学生军，学生军组织分设总队长、大队长、中队长、分队长、小队长，每周一、三、五坚持军操训练。文华书院国文教习张纯一曾为文华书院学生创作两首学生军军歌，由英文教习余日章谱曲，传唱一时。

重视师范教育是教会书院的另一大特点。博文、文华书院均开设有专门的师范科，主要培养小学教师。懿训和训女书院为华中地区培养了最早的一批女教师，其毕业生多从事教师工作。这些职业女性的出现，对社会的影响是深远的。

此外，值得一提的还有任教于文华书院的美国圣公会传教士韦棣华女士。韦棣华早年就读于西蒙斯学院图书馆专业，到武昌后，见文华书院缺少图书馆，于是募集资金，于 1903 年在书院内一间叫“八角亭”的小屋建起一个小型图书室，供人们前来阅读。这是武汉最早设立的公

Department of English
言語學兼英語教員
韋隸華女士美國人
Mary Elizabeth Wood
Pratt Institute Library School-Brooklyn N.Y.
Librarian of Boone University, Wuchang.

韦棣华

文华公书林外景

共图书室，也是文华公书林的雏形。

武昌地区书院改制和近代学堂的建立，是张之洞督鄂之后的事情。1893年，张之洞创办自强学堂，开设方言、格致、算学、商务四门课程，方言课教授外语，格致课教授化学、重学、电学、光学等，自强学堂是武汉地区国人所办的第一所完全意义上的西式学校。1898年后，张之洞在改革传统书院和新办学堂时大规模地引进西学，同时引进西方近代教育制度，如班级授课制、考试计分制，并开办师范学校和女子学校。从时间上来看，教会书院的创办要早于其他的新式教育机构，可以说武汉地区教育的近代化是从教会书院起步的。在武汉近代教育体系的形成过程中，教会书院的作用和地位不容忽视。

翟雅各健身所（麦小朵绘）

博文书院（麦小朵绘）

第二章
武昌书院的日常生活

明清时期，武昌地区书院的发展迈入了一个新阶段，书院的数量不断增多，同时也日趋官学化。书院的日常生活是怎样的呢？可以从书院的日常管理、教学、环境、藏书刻书、祭祀活动等方面来加以了解。

一、民主治理：书院的日常管理

（一）学生来自民间

我国古代官学有固定的入学名额，学生以已经考取功名的秀才、举人为主，主要为统治阶级培养和输送人才，为贵族和政府服务，广大平民子弟很少有机会进入官学学习。明清以来，湖北地区人口迅速增长，但地方官学的规模和学生名额却没有相应增加，无法满足地方读书人求学的愿望。

书院不同于官学，它主要面向民间社会，承担着教化大众和培育精英的双重任务。书院的招生条件比较宽松，目的是让更多的平民子弟到书院求学。书院招生名额受书院的级别、规模、经费、师资力量等影响，明清书院官学化后，书院分为省、府、县等级，招生名额也根据级别依次递减。县级书院招生名额每年一般为十人左右，府级书院为几十人，省级书院经费充足，实力雄厚，可招收上百人。如两湖书院是省级书院，每年招收学生 240 人，其中招收湖北籍学生 100 人。书院一般采取择优录取的方式，没有地域、年龄、出身等限制，学生只要学业表现突出，经过书院考核都可以入学。入学考试的时间一般在农历正月或二月左右，也有少数定在前一年散馆之后的十一月，考试成绩的好坏关系到考生能否入学。

书院对考生的年龄、学识、品行等有规定，通过考试对考生的学问进行测试。一般录取后将学生分为正课生、附课生等不同等级。正课生有膏火，在书院住宿。附课生膏火减半或没有，能不能住在书院，视书院经费情况而定。同时，正课生与附课生的名额不是绝对的，可以调整，如果正课生有缺额，附课生可以补上。若书院有住宿名额，附课生也可进院住宿。此外，还有一种学生相当于跟读生，没有膏火，自己出资到书院学习，可以领题向院长请教。书院的招生名额也不是一成不变的，随着书院经济实力的增长，招生规模也可不断扩大。书院的经济状况好转，正课生的录取名额会增多，奖学金也会适当提高。

书院是介于官学和私学之间一种独特的教育机构，明清时期，官学流弊丛生，书院则更趋民间化、大众化，发扬了私学“有教无类”的精神。清代湖北的书院面向下层社会，学生不受身份和地域限制，这一时期的书院具有浓厚的平民色彩，对家境贫寒的学生给予许多经济上的优抚。

（二）书院管理人员分工明确

武昌地区书院的管理主要实行山长负责制，一般设一名山长负责教学及行政管理工作，这是一种以山长为书院领导核心的管理模式。在这种模式下，人员配置精干，组织结构简单，管理效率高。此外，还有斋长、学长等辅佐山长管理书院，以减轻山长的负担。书院一般由学生自己推举管理人员，由学生推举的斋长负责管理书院的部分行政及经济事务，如负责书院的经费收支、膏火及奖金的发放、谷物的贩卖等，斋长可以获得辛劳钱，他们的行为也受到学生的监督。书院的各种支出都要公示，学生们会定期齐集书院核算账目，一旦发现有徇私舞弊或不照规条行事的管理人员，学生马上可以禀请另换，并扣除其辛劳钱，这体现了书院管理的公正、公平。

书院正式的教职人员，除了山长和教师外，还有负责书院日常事务管理的人员，如监院、首士（或称首事）、司事等。此外，还有少量的教辅人员，如书办、伙夫、书役、门役等。

设立监院的书院不多，一般为官办书院。监院在书院中的地位一般仅次于山长，负责管理书院除教学外的一切事务。监院主要由地方官员委派或由学官兼任，也有地方公推的。监院的权力很大，名义上受山长制约，但实际上是官方在书院的代表。有的书院规模大，学生较多，既设有监院也设有首士，二者各司其职，官绅合作管理，以官方为主，绅士协助。

张之洞创立的两湖书院直接受湖广总督领导，书院设提调一人，全权主持院内事务。提调之下设监院、分教。监院由南北两位监院组成，负责管理学生、发放奖金及书籍用具。提调和监院都是由官府“遴选派定”，监院具体管理学生事务，要定期会见学生，了解他们的学习情况。“每日两监督各传诸生约十人赴监督院接见，以备考核功课，其应传何人，听监督院酌选，大率每一月，两监督得与诸生二百四十人接见一周。每日早讲时，两监督分在讲堂楼上下照料稽查。”学生若平时有事需要请假，必须向监院申请，请假时间不得超过半天，批准后才发给请假牌，学生需按照规定时间返回，而且不能频繁请假，经常逾期不归的不准批假。张之洞十分注重书院管理，两湖书院的管理人员都是他慎重考虑后挑选的，他要求管理人员须德才兼备，如两湖书院第一任提调为湖北候补知府陈宗濂，其“学优才裕”，北监院关棠“学行端雅”，南监院成克襄“守谨学纯”。

为了防止贪污，书院一般在地方士绅中公选首士，每年公举出两位公正廉洁的人为首士，协同监院管理书院，主管书院某一方面的工作。官绅合办书院或者民间书院一般由地方士绅组成董事会，挑选值年首士，一年一轮换。到年终散课时，一般会重新选拔下一年的首士，由众董事成员选推新人，上报监院查实，再给予任命。书院对首士的挑选有严格要求，不但要求候选人品行高，对其家世要求也高。选拔时除强调候选人要公正勤谨外，还要求候选人家道殷实，以防其侵占院产。首士还需老成持重，为人正派，善于守财，不铺张浪费。武昌地区书院的首士主要有两种，一种为地方士绅，一种为书院选拔的学生。第一种更为普遍，因为这些在地方上德高望重的士绅有功名，热心地方文教事业，常为书院捐钱、捐田、捐物等，能得到地方官员的信赖和支持。首士的工作职责一般都有明确规定，首士卸任时账目须交接清楚，有的首士权力很大，甚至可以决定山长的任命或辞退。

书院的司事主要协助监院管理书院某项具体事务，如有的专管财物，有的负责书院的维修等。书院对专门管理财物的司事要求很高，候选人必须要有功名，一般在贡监生员中选拔，同时司事也有辛劳钱。为防司事侵吞财物，候选人也必须家道殷实，如被查出有侵吞之事，将处以二十倍的罚款。司事负责各种费用的发放，每逢乡试，司事要到省会验明考生参考的情况，按人数发给相关费用。

（三）学生实行自治管理

书院为了尽可能减少开支，聘用的管理人员有限，山长作为书院的核心人物，主要负责研究学问、答疑解惑，也会负责部分学生管理工

两湖书院旧址

作。为了减轻山长的负担，书院的学生一般实行自治管理。首先，书院会制定各种学规章程，明确学生的行为规范。学生需遵守院规，违者将受到惩罚，情节较轻者按院规处罚，严重者送官府处置。其次，书院根据规模及开办经费，设立不同职位，选拔学生担任，实行学生自主管理。这些管理工作涉及教学、经费、图书、考勤、纪律等方面。

规模不大的书院一般设立斋长（或叫学长），类似现在班级管理中的班长。斋长由众生推举。每年书院招录后，首士在新生中选出品行端正之人，然后由学生民主公推其中一人为斋长，斋长多为成绩优秀、老成持重、善于理财、长于交际、学有专长的学生，需品学兼优。管理财物的斋长或学长还需家道殷实，以防其侵吞书院财物。学生们为书院做事，都是有偿服务，有类似职务津贴的薪资或“贴食钱”。

按照书院所定学规，斋长或学长协助院长监督学生们的学习，如有不勤奋努力学习的学生，斋长需正言相劝，如果学生不听劝导，斋长需向山长禀报，对学生加以处罚。书院学生有事要请假，斋长向山长禀报，山长根据事情大小决定是否给予假期，并结合道路远近限定归期，过期没有归院的学生，其膏火银根据迟归时间予以扣除。

此外，斋长或学长还协助山长管理其他工作，如教学、图书管理、财物管理等。教学方面，斋长负责传达各项教学任务，每次官课之前，斋长要先到官府礼房恭请官员亲临考场，如斋长不去禀请导致官课有误，将扣除其辛劳钱。斋长还要协助山长管理一些不守院规的学生，斋长可以按院规对违规学生进行处罚，“肄业生童如有嗜酒游博，掌教训责不遵，即由斋长逐出”。

有的书院规模较大，设有多位斋长或学长，各个斋长或学长专门负责管理书院的某一项事宜。藏书较多的书院，专门设斋长二人管理书籍。规模大的书院会选取两人专门负责管理财务，彼此互相牵制，做到财务透明，以防贪污。另外还有专门负责教学工作的斋长，这类斋长一般比较年长，主要负责收发试卷之类的工作。

书院对斋长同样有明确的奖惩制度，学生对他们有监督的权利，如果斋长失职或有徇私舞弊、包庇等行为，可以扣除其辛劳钱以示警告。如斋长有贪污、受贿等更为严重的行为，书院可以随时将其撤换。新旧斋长交接时，要“凭众清算”（即公众监督，实行账目公开、民主监督）才能移交下届，并“公同酌议”。

书院通过选拔斋长或学长管理学生事务，体现了书院管理的民主性以及学生对书院管理的参与度。斋长的设立可使学生参与书院的管理，既可减少书院管理人员的数量，减轻书院的经济负担，也可锻炼学生全方位的能力，这是书院管理制度的一大特色，值得现代学校借鉴。

（四）重视学生道德培养

中国古代社会十分重视道德修养，儒家提出的“修身、齐家、治国、平天下”理念，其出发点就是修身。古代书院制定的学规章程，也把学生的道德培养放在首位，如朱熹制定的《白鹿洞书院学规》提倡将“尊德性”与“道学问”相结合、将做人与治学融为一体，后成为历代书院学规的典范。古代书院非常重视学生的个人道德，希望学生有高尚的道德，这样将来可以教化地方民众，起到移风易俗的作用。

书院的学规章程对学生的道德水平提出了严格要求，对学生的日常行为有全面细致的约束，包括吃饭、考勤、衣饰等各个细小的方面。书院在日常学习和生活起居中严格要求学生，以此提高他们的道德修养。

白鹿洞书院

《朱子白鹿洞教条》

武昌地区的书院大多数要求学生住院，只有附课生可以不住，住院就涉及对学生的衣、食、住、行等各方面的管理。住院学生人数多，需大家养成良好的行为习惯才能创造良好的学习环境，因此，书院对学生的行为习惯要求非常严格。张之洞结合历代书院的管理经验，亲自制定《新定两湖书院学规课程》，对学生的作息时间、请假、会客等进行了详细的规定，如要求“诸生均须住院，不得在外处馆，寓居亲友家或兼营他事，若自揣用度不足自给者，准其辞退。院内不得留闲人，若非院内有名之人，虽父子兄弟叔侄，亦不入院同居，以免射影淆杂，监院不举报者有罚”。外出请假也有严格的规定，学生平常有要事请假，须报明监院，准假给牌，外出时间不能超过半天，而且不准经常请假，不准逾期不归，假满不回院者甚至会被开除。学生作息也有明确规定，作息时间用鼓声作为信号，每日五时头鼓，五时半二鼓，六时三鼓上课，冬季时天尚未亮也要起床。书院要求学生不管冬夏都养成早起的习惯。

书院对学生的言行也有严格规定，如外出滋事，山长要给予处罚，严重的要送官。书院的公共财物要爱护，不能随意破坏。学生不得参与地方诉讼案件，违者要受到惩罚，情节严重者甚至要被赶出书院。学生考试不能作弊、抄袭，试卷雷同者、不在书院作文者、未按时交卷者均不列榜，初次不列榜，停发一个月的膏火，再次不列榜，降为附课生，抄袭者将被逐出书院。

当然，由于书院不是官学，学生无法享受升贡等官学待遇，故书院学生的流向是个大问题。他们唯一能够出仕的机会就是科举考试。学生在书院的学习时长没有限制，长短不一，往往学习到科举中式为止。武昌地区的书院大多没有肄业期限，一般通过年初的甄别考试录取后，就可以到书院读书。部分学生为获得膏火银长期待在书院，因为书院提供的膏火银和奖学金十分丰厚，可以养家糊口，有的学生甚至成为“职业学生”，常年住在学校，这也是清末书院存在的弊端之一。两湖书院改革后才明确规定肄业期限为 5 年。

（五）实行奖惩升降的激励约束机制

书院的学生享有较高的待遇，为了激励学生勤奋向上，书院一般实行奖惩升降机制。书院的正课生和附课生一般每月有一定的膏火，数目根据各院的具体情况而定，经济状况好的书院会增加膏火的数目。书院的膏火不是固定不变的，会根据学生的考试成绩进行调整。书院的膏火与考课紧密联系，少参加一次考课即扣一部分膏火。此外，书院考课结束后，成绩名列前茅的学生有奖赏银，相当于奖学金。除书院奖赏银外，有的学生还能获得官府发给的花红或奖金。

为了让学生安心学习，书院会为住院的学生提供饭食，有的书院则只在考课的这一天免费为学生提供饭食。武昌地区的江汉书院是当时全省的模范书院，各府、州、县书院都以它为学习的榜样，如均州南阳书院月课的膳食结构就是模仿江汉书院的："每月生童月课饭食仿照江汉书院，每桌酌用菜蔬四盘两碗，约钱六百文，勿置酒。"每次考课所用的笔、墨、纸等都由书院提供，考试时官师所需的茶点也由书院负责。书院支持学生参加科举考试，并为他们参加乡试、会试提供资助，对科举高中的还会根据考中的级别分别给予奖励。为了提高学生们的应试能力，书院提供了许多便利，书院在一定意义上仍然是科举考试的训练场所。

书院一般通过考试来督促学生学习，根据考试成绩给予奖惩，以调动学生学习的积极性。书院每月要进行几次考试，分为官课、师课（也叫堂课）两大类。官课即由官府主持的考试，命题、评卷、奖赏都由官府负责。官课考试成绩会分等级公布，成绩与膏火、花红、奖金挂钩，关系到学生在书院中的地位。如果正课生平时考试成绩不能保持在前列，则有可能被降为附课生；附课生考试成绩优秀，达到一定标准则又可以升为正课生。有的书院规定，正课生考试成绩累计三次位于末尾的，降为附课生；附课生累计三次都位于超等优秀的，破格提拔为正课生；正课生如有旷课达三次的，即将膏火扣除。这种制度奖勤罚懒，目的是让学生努力向上，可以避免学生产生安逸的思想，认为考进书院就可以高枕无忧。

除给予奖金、花红等奖赏外，有些书院还将物质奖励和精神奖励结合起来，如"凡考前五名者各缮原卷录送采梓"，而且在讲堂设立木榜，"凡书院中式暨优拔科岁入学者题名以昭劝勉"。这方面经心书院做得比较好，经心书院曾两次刻印书院优秀的考课文章，分别是《经心书院

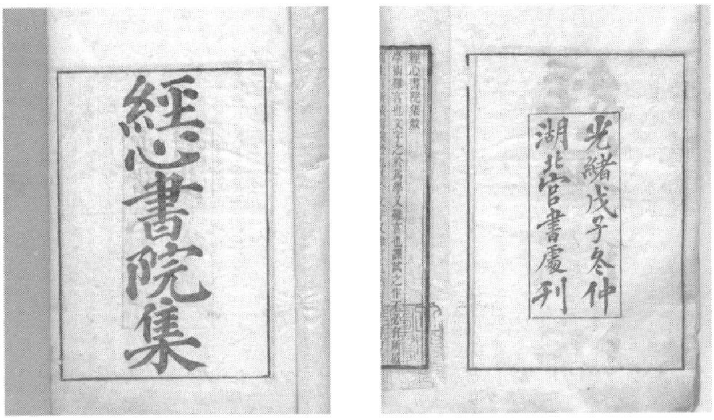

湖北官书处刻印的《经心书院集》

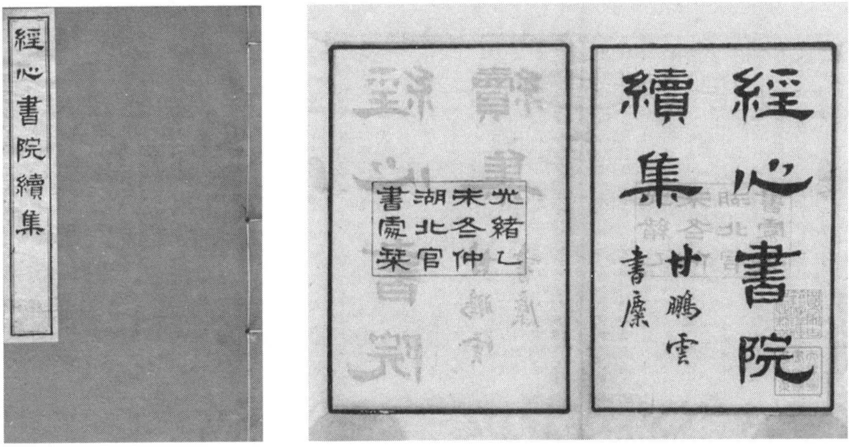

湖北官书处刻印的《经心书院续集》

集》和《经心书院续集》。刊刻优秀试卷相当于公开出版学生的习作，这对正在求学的青年学子来说是一个莫大的鼓励。优秀作品在社会上广泛流传，也能扩大书院及学生的影响。这种将物质激励和精神鼓励结合起来的奖励机制仍值得我们今天借鉴。

由上可见，书院提供给学生的待遇很高，这也是地方士子进书院读书的原因之一。有的书院甚至连考试、宿食费用都包办，学生赴县、府、省、京城参加科举考试，书院都会提供补贴。书院这些优厚的条件和奖励政策对贫寒子弟具有极大的吸引力，这可以使他们不必为生存担忧，进而潜心学习。家庭有困难的学生，还可以向书院借钱，可等到有一定经济实力时再归还，甚至可等到做官做到一定职位时归还，这就免除了贫困学子的后顾之忧。

二、自由研修：书院的日常教学

书院的日常主要围绕教学、祭祀、藏书三大活动进行。作为一种教育组织，书院最基本的活动是教学，书院教学活动反映了书院的办学宗旨。武昌地区的书院在明清时期得到了充分发展，书院制度比宋元时期更加规范，教学内容方面形成了一定的课程规定，教学方式上形成了独特的风格，教学管理方面也形成了一套较为完善的管理制度。

（一）书院的类型

清代书院按教学内容一般可分为三种：清初讲求理学的书院，清中后期少数学习经史、训诂、词章的书院以及考课式书院。清代，湖北讲求理学的书院有潜江的传经书院、武汉地区的问津书院等，学习经史、训诂、词章的书院主要为清代中后期武汉地区的晴川书院、经心书院、两湖书院等，其余书院基本上是考课式书院。当然，这些分类也不是绝对的，不同类型书院的教学内容有交叉，如讲求理学的书院与考课式书院难以截然区分，又如有的书院前期重理学，后期重科举。

明清时期，讲求理学的书院重视学生道德的培养，强调培养符合儒家道德规范的人才，将学习与提升个人修养结合起来。这类书院重视立志，以儒家道德行为准则规范学生。

讲求理学的书院还有诗、音乐、国画等的教学，这类书院希望学生全面发展，而不是让学生仅仅训练时文。此外，讲求理学的书院并不排斥科举考试，而是主张科举考试与理学研究相互促进。

讲求理学的书院一般把道德教育与经史教育结合起来。与官学及大部分考课式书院相比，讲求理学的书院更强调传统伦理道德的教育，但过分强调道德教育也带来一些弊端，如过于强调性理之学反而会与社会实际脱节。

考课式书院指以考课为主要教学形式，以训练学生写八股文参加科举考试为办学目的的书院。考课式书院的教学活动主要有讲学、自学辅导、考课等。讲学是书院师生进行面对面交流的教学方式，主讲人一般为书院的山长和著名学者，一些热心地方文教事业的官员有时也会到书院讲学。

（二）学生学习以自学为主

自学辅导是书院的教学方式之一，旨在让学生养成潜心读书的习惯。

自学辅导首先需为学生选择书籍。我国古代典籍浩如烟海，即使是儒家经典也难以尽读，山长择书就是山长为学生推荐书目，确定学习的内容和方法。自学辅导其次是传授读书法。在择书的基础上，山长根据自己的学习经验指导学生读书，因为书院的山长大多拥有功名，有丰富的学习和考试经验。古代书院中影响最大的读书法当数朱熹的读书法。

书院的学生不是每天都上课，一般每月逢五或逢十，书院会举行讲学，由地方官员或山长授课，其余时间都是学生自学。书院作为地方级别较高的教育机构，相当于中、高等教育，其教学方式不同于蒙学。蒙学注重对学生进行手把手教导，而书院的学生大多有一定的基础，因此

朱熹像

书院注重让学生自学，以培养学生的自主学习能力和研究能力，养成良好的学习习惯。在书院中，学生有疑问可向山长请教，再钻研、体悟，久而久之养成自学的习惯。山长的教学多为指导与解惑，侧重培养学生的思考能力，激发学生学习的主动性。

书院上课之日，有专人敲打云板（类似云形的铁铸厚板，上面系绳悬空，用梆击板发声）或者敲钟作为上课铃声召集学生。老师（或山长）正式上课之前有一个简单的仪式，会与学生互相作揖。老师授课完毕，学生可以当堂提问。课后多为自学，学生有疑问可随时向老师请教。书院的许多课程即便有教师讲解，大多数也只是教师提纲挈领地讲，学习内容主要还是靠学生自己自学体会。书院虽然也会规定学生每年所要学习的内容，但不强制要求教师讲完，课程的进度可快可慢，因为绝大多数内容靠学生自己钻研。书院把指导学生自己读书作为教学的首要任务，一些名师把自己的读书经验介绍给学生。学生学业提升，主要靠自己自学，也靠师生间的问答。通过问答，老师不

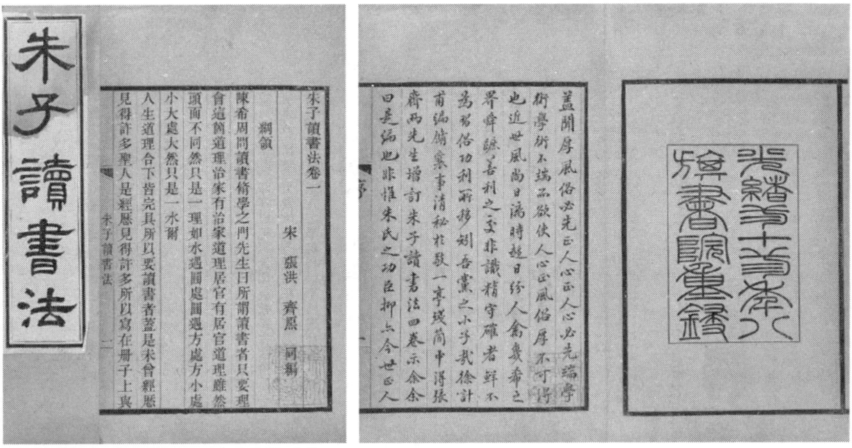
朱子讀書法

朱子讀書法卷一　　宋　張洪　齊熙　同編

綱領

陳希周問讀書脩學之門先生曰所謂讀書者只要理會這箇道理治家有治家道理居官有居官道理雖然頭面不同然只是一理如水遇圓處圓遇方處方小處小大處大然只是一水爾

人生道理合下皆完具所以要讀書者蓋是未曾經歷見得許多聖人是經歷見得許多所以寫在册子上與

朱子讀書法　一

光绪年间刻印的《朱子读书法》

断启发学生，激发学生不断思考，学生从中不断领悟、提升，从而学业渐进。

（三）制定规约严格要求学生

书院为了加强对学生的管理，一般会制定规约，对学生的言行、学习、生活进行明确的规定，类似今日的学生守则。古代书院大多以朱熹的《白鹿洞书院学规》作为准则，用以规范书院学生的行为，使学生“言有教，动有法”，养成良好的习惯。书院制定的规约内容详尽，一般包括办学宗旨、山长的聘用、学生的录取、教学内容、考试形式、奖惩方法、经费管理等。这些规约可以督促学生在学习上专心致志、勤奋刻苦、精益求精，在日常生活中尊敬师长、培养良好品德。为了在书院中营造读书向上的良好氛围，书院的山长经常会向学生作规约方面的讲解、训示。

下面是晴川书院山长彭毓崧为书院制定的规约：

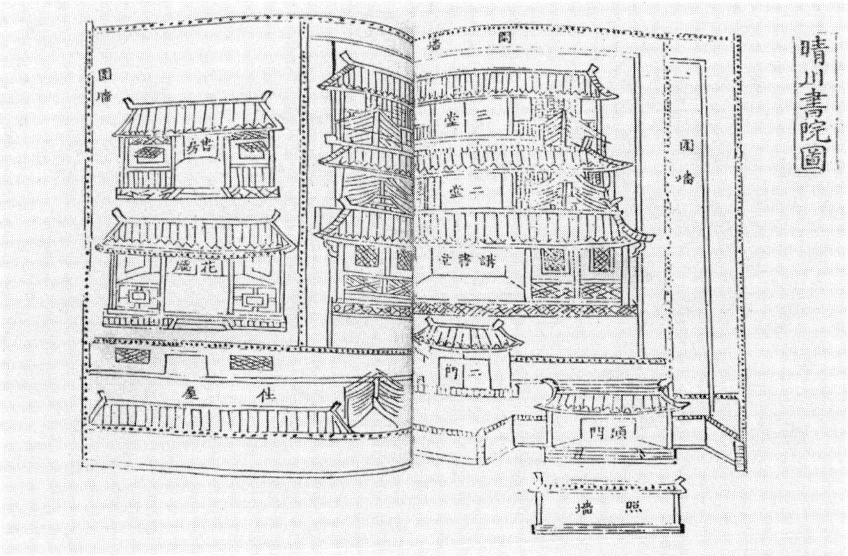

嘉庆《汉阳县志》中的晴川书院图

一、读书不知向道，则庸流之志也。夫志向不专，则信道不笃。孔子曰：“道不远人，人之为道而远人，不可以为道。”孟子曰：“夫道，若大路然，岂难知哉？”圣贤所言，如此平易。后世争立道学之名，舍切近而务高远，歧径百出，遂不免流入异端。曾子曰：“夫子之道，忠恕而已矣。”孟子曰：“尧舜之道，孝弟而已矣。”韩子曰：“由是而之焉之谓道。”朱子曰：“道者，日用事物当然之理。”指点皆极亲切，并无奥妙。人能守定此解，用志不纷，则趋向既端，一切邪说诐行可以不惑。

一、读书不辨义利，则庸流之识也。昔陆象山先生会朱子于鹅湖，讲“君子喻于义”一章，反复推论，剀切动人，听者悚然，朱子叹服。夫义者，事之宜也，行而宜之之谓义，行所不宜行则非义矣。孔子曰："不义而富且贵，于我如浮云。"孟子曰："非其义也，一介不以与人，一介不以取诸人。苟为后义而先利，不夺不餍。"今书院止知有膏火奖赏，而不思所以设膏火奖赏之义，营营逐逐，岂非象山之所深责哉！

一、读书不求实用，则庸流之学也。胡安定先生教授湖州，立经义、治事二斋，天下率以为法。今经义犹有言者，治事则未之闻矣。昔孔门通六艺者七十二人，樊迟请学稼、学圃，盖误认执御、执射之意。至陈相说许行之道，则误而又误也。诸葛武侯读书，略观大意，而隆中伏处，早具王佐之才。范文正作秀才时，即以天下为己任。此其所学，岂小儒能及。周濂溪、程明道皆以治行表见。朱子不得大用，而社仓一法，至今流传。王阳明讲良知之学，人多非之，而平南赣，平思田，其书具在，何非本其所学，发为事功，并无一空言肤语。然则高谈性命犹不足以为学，况于一文一艺争工拙哉？

一、读书不立令名，则庸流之行也。夫古人砥行立名，行不成则名不立。孔子曰："君子去仁，恶乎成名。"孟子曰："好名之人，能让千乘之国。"三代以下，唯恐不好名。名者，实之宾也，实至则名自归之，未有实不至而名能虚立者也。《汉书》曰："盛名之下，其实难副。"故声闻过情，君子耻之。今书院亦争名之地也，争一日之短长，曷若争一生之荣辱？盗名者欺世，败名者辱身。士不可以不慎也。[1]

---

① 彭毓崧：《晴川书院规约》，《求实斋文存》卷下，同治七年（1868）自刻本。

彭毓崧结合自身的学习体悟，制定规约，对学生的志、识、学、行四方面提出要求。彭毓崧首先强调立志的重要性，认为志向就是对道的追求，志向明确，学习就有目标，不会被邪说影响、迷惑。他要求学生在学习上专心致志、勤奋刻苦，培养良好的品德。彭毓崧注重经世致用，认为事功型人才才是社会所需要的人才，希望培养对国家、社会有用的人才。彭毓崧的办学思想一定程度上受到清末经世致用思想的影响，某些方面仍值得我们今天借鉴。

（四）日常考核奖惩分明

考课是书院重要的活动，在科举制度的影响下，书院对考课抓得很紧——无论是考课式书院还是讲求理学的书院。考课多采用闭卷考试的方式，有严格的考试纪律，如同官学的岁考和科考，有人据此认为书院与官学一样，是科举的练兵场。考课分为官课和师课，一般都有固定的时间，便于师生准备。考课的题型、内容基本上与科举考试的题型、内容相似，相当于科举考试的模拟训练。清末书院中的官课、师课以训练八股文写作为主，一定程度上改变了明代书院自由讲学的传统。“书院肄业士子，令院长择其资禀优异者，将经学、史学、治术诸书，留心讲贯，以其余功兼及对偶、声律之学。其资质难强者，且令先工八股，穷究专经，然后徐及余经，以及史学、治术、对偶、声律。至每月课试，仍以八股为主，或论或策，或表或判，听酌量兼试，能兼长者酌赏，以示鼓励。”[①] 清政府的这项规定使书院的教学内容与地方官学没有多大区别，都以学习写作八股文为主。清末，全国各地对书院进行改革，湖北地区也积极进行探索。张之洞任湖北学政时曾在武昌创办经心书院，书院的学习内容以经史为主，不修时文。后来张之洞任湖广总督时创办的

① 《钦定大清会典》卷三九五《礼部·学校》。

两湖书院旧址（今湖北省武昌实验小学校内）

两湖书院，以学习西学、时务为主，是当时书院改革的代表，对传统书院产生了极大的冲击。

（五）师生关系融洽和谐

我国传统教育讲究师道尊严，有“一日为师，终身为父”之说。书院的创建者或主持者大多为地方宿儒，学识渊博，品德高尚，他们言传身教，受到学生的爱戴和敬重。书院提倡自由讲学，倡导学术争鸣，师生之间、教师之间、学生之间相互切磋，在学术上平等交流。宋代书院师生之间、教师之间、学生之间可以通过多种形式进行对话交流，最著名的事迹是朱熹与张栻通过书信往来探讨学术。书院中师生的关系十分和谐，书院的教师并不是高高在上地压制学生，而是二者共处一院，互相论辩，共同学习，甚至一起参加科举考试，一同高中。

书院师生的关系融洽表现在教学相长、互为师友等方面。有的学生品学兼优，书院可以不拘一格聘其为教师。书院在学术上提倡创新

张栻像

与质疑，这体现在书院的讲学（包括讲会和会讲）制度上。明代中期，湛若水、王守仁等人倡导讲学，讲学之风兴起，他们与弟子联合讲学，所到之处，士子蜂拥而至，出现了一个讲学的高潮，推动中国古代书院进入繁荣发展期。这种讲学制度使书院成为学术交流的中心，师生在此可相互质疑，共同提高。问津书院的山长萧继忠不仅负责书院的教学和管理，还四处游学，师从邹元标、冯从吾、耿定向、高攀龙诸位大师，与焦竑、刘承烈为友，吸收了明中后期著名的王学、湛学、东林学三派思想。明末清初，许多书院成为科举考试的训练场所，书院师生平时在书院互相切磋八股文，考试时在科举考场上同场竞技。

师生之间的关系融洽还表现在教师对学生学习、生活的关爱上，这方面的例子很多，如朱熹对自己的弟子关爱备至；《宋史·胡瑗传》称胡瑗“视诸生如子弟，诸生亦爱敬如父兄”。可见书院教师视自己的学

湛若水像

王守仁（王阳明）像

生为家人，特别关心他们的生活和成长。

在书院，师生互相切磋学问，谈论诗文，其乐融融。师生亲密融洽的关系，可以促使学生在学习上取得较大成就。书院中形成的民主和谐的师生关系，亦是一种和谐的教学环境，有利于学生努力学习，也有利于书院提高教学质量。

三、宁静优雅：书院的教学环境

（一）宁静秀丽的自然环境

清代时官学日益衰败，书院实际上成为地方的教育和文化中心，也成为展示地方文化的窗口。因此，地方的官绅和普通民众都十分注重书院位置的选择、建筑的布局和周边环境的建设。书院的建筑通常既包含中国传统文化的元素，又带有鲜明的地方色彩。

书院院址的选择受禅宗山林文化的影响，大多建立在风景优美的山林名胜之处，奇秀的峰峦、清澈的溪流，让人心旷神怡，有助于陶冶性情，进德修业。学生们在此聚居读书，这是他们“藏修息游”之所。人们对书院周围的自然环境精心进行修整，以求达到天人合一的效果。书院选址讲究人与自然的和谐统一，追求宇宙观、人格观、审美观的结合，目的是让书院成为理想主义者的家园。书院风景秀丽，往往会吸引许多文人骚客，加上地方官员苦心经营，使自然与人文相得益彰。

书院选址除了注重自然环境的宁静秀丽，还很重视历史文化古迹和名士遗迹等人文环境，所谓“远尘俗之嚣，聆清幽之胜，踵名贤之迹，兴尚友之思”。

大多数书院背枕山丘，面向河流或湖泊。书院一般是坐北朝南，书院的大门大多居中向南而开，符合古代风水理论所崇尚的“阳宅须教择地形，背山面水称人心”，所谓“山屏水障，藏精聚气，钟灵汇秀”，为风水中的最佳“吉形”。按照风水理论，若书院依山傍水，背靠大山，而与之相对的又有一小山，则科举中式的学生会很多。武昌营坊口左侧的老天符庙位于都司湖旁，前后有两湖，湖光风景怡人，“风廊月榭，荷红藻荇，雅擅一城之胜”。两湖书院、经心书院都曾围绕都司湖而建，就是因为创建者看中此地风水好且风景优美。

书院之所以如此重视周边环境，究其原因，与中国传统文化中的“天人合一”“天人感应”思想有关。[①] 中国传统文化中的审美观念影响深远，人们寄情于山水之间，追求人与自然的统一，追求理性认识与感性认识的统一，以求在自然中获得教育。

封建社会晚期，书院的日益官学化影响到书院的选址，书院选址出

① 卢山：《书院建筑的文化意向浅谈》，《南方建筑》2001年第2期。

岳麓书院俯瞰图

现由山林向城镇靠拢的趋势。但由于城镇人口较多，用地受限制，规模难以扩大，且周边环境喧嚣嘈杂，最后许多书院采取“半依城市半依郊”的折中方式，将书院设在城乡交界处，尽可能减少城镇喧嚣的影响。余秋雨认为：“书院办在山上，包含着学术文化的传递和研究所必需的某种独立精神和超逸情怀；但又必须是名山，使这些书院显示出自身的重要性，与风水相接，与名师相称，在超逸之中追求着社会的知名度和号召力。”①

（二）浑朴雅致的建筑风格

武昌地区书院的建筑继承了荆楚建筑浑朴、雅致、庄严的风格特色，具有一定的地域性和时代性，既不同于徽州书院的建筑追求地方情调和乡土风格，也不像西北地区书院的建筑那般沉稳、端庄。

① 余秋雨：《文明的碎片》，春风文艺出版社 1994 年版，第 364 页。

两湖总师范学堂校舍

古代书院的规模一般不大，追求小巧实用，大多为二进式或三进式。二进式的书院第一进为门厅，第二进为讲堂，讲堂后附设祭堂。三进式的书院第一进为门厅，第二进为三到五间讲堂，第三进为先贤祠堂、文昌阁（或魁星楼）、藏书楼等。武汉地区的书院基本上都是三进式的，如汉阳的崇正书院“由头门迤而西为二门，门外门房一间，二门内建讲堂，讲堂西建六贤祠，皆新造之。讲堂后二堂，堂上东西二房，堂下东西二房，为收藏书籍之所。二堂后三堂，堂上东西二房，堂下东西二廊，为山长下榻之所。由讲堂迤而西，屋五间，东西廊房四间，门外隙地一段，为监院厅，均补葺之。由讲堂后迤而北，抵凤凰山麓，建斋房二十号，诸生肄业其间”[①]。

① 张行简：《汉阳县识》卷八《文录上》，光绪十五年（1889）重刻本，第44页。

武昌地区书院的主体建筑基本上顺次坐落在中轴线上，斋舍则对称地位于两侧，这样既突出了书院以讲学为中心，又表现了书院尊师重道的传统精神。书院的建筑沿中轴线有层次地推进，建筑越往后则地位越高，这种排列方式从侧面反映了中国古代礼制所强调的垂直等级划分。古代书院强调“以人重、专师门、崇道统”，书院学生所要学习的思想、知识均来源于祠堂中所供奉的先师先圣，所以在书院的建筑布局中，用于祭祀的建筑的地位要高于讲堂。

一般来说，书院中斋舍的建筑规模最大，如两湖书院建有斋舍二百四十栋。苏云峰认为传统学宫、书院的建筑和现代学堂建筑的区别是：“传统的学宫，以祭祀乡贤为目的，故其建筑，以祀祠为多；传统的书院，以自修应试为目的，故其建筑，重斋舍，而轻讲堂。对于学生的起居饮食卫生与健康活动，均不注意。现代学堂，则以学生的学习、生活为设计的重心。”[①] 在书院，学生学习以自修为主，重视斋舍的修建，目的是为学生营造良好的学习与居住环境，因此，斋舍一般是书院中占地面积最大的建筑。

（三）文景交融的人文环境

武昌地区的书院十分注重环境对人的影响。“古今之气运系文章，人物之钟灵由山水”，环境对学生性情的塑造具有重要意义。书院为了营造良好的读书环境，往往会对书院进行精心布局，有的书院经几代主持者不断修缮，目的就是为学生营造良好的读书环境。如汉阳晴川书院经过改建后，“秋风初动，香气袭人。为诸生攀折兆，且为诸达官课文退息所。小屋后卫楼屋者三，再后为群房，计十余楹。向之苦湫隘苦褊者，盖至是而奥如旷如，远非前日比。每当风晨月夕，诵

① 苏云峰：《张之洞与湖北教育改革》，第 186 页。

读琅琅，角艺者搦管高吟，有气吞云梦之想”①。改建后的晴川书院宽敞宏阔，书声琅琅。书院建立在有历史古迹的地方，自然环境和人文环境相结合，成为读书胜地。书院除主体建筑外，游览休息的部分也必不可少，书院一般会灵活地结合周围的自然环境设置园林、布置亭榭，从而平衡主体建筑的规整严谨。若书院所在地缺乏自然的山水风光，也可通过建造人造景观来改善书院的环境，如修建人工园林、亭台楼榭及假山、水池等。在书院读书的学生不但可以潜心治学，而且可以在书院中悠闲自得、流连忘返。

为了营造读书立品的良好氛围，地方官员和书院师长经常对书院学生进行讲学和训示，激励学生好好读书。书院的斋舍、大殿、画像两侧都贴有对联，同书院匾额上的题字从不同角度给学生以鼓励或训诫。

书院是中国古代特殊的教育机构，选择清静优美的地方办学，让学生接受自然的陶冶，学生们可获得精神上的超脱。书院教育将道德培养、知识学习与山林怡情养性融为一体，升华了中国自古就有的田园思想，形成了独特的山林文化。

书院对环境的营造值得我们今天建设现代学校借鉴。今天，我们应该重视学校选址，注意校园环境的构建，因为这不仅可以陶冶学生的性情，也是传承和发扬中华优秀传统文化的体现。当今社会一些学校不注重校园环境的建设，学校附近有网吧、歌厅、酒店以及其他娱乐场所，周边环境嘈杂。学生每天进出学校经过这些地方，对他们的身心发展极为不利。有的高校只注重“硬件”建设，大兴土木建教学楼、体育馆、图书馆等，却忽视软环境的建设，导致校园学习氛围不浓。我们应该从书院环境的构建中得到启示，探索创建良好校园环境

① 王庭桢：《续辑汉阳县志》卷二十七《艺文》，同治七年（1868）刻本，第97页。

的新途径，不断改善校园文化环境，这是办好一所学校必须要做的。今天，学校应将校园的“硬件”建设和“软件”建设相结合，将自然环境与人文环境结合，为学生创造良好的学习环境。

四、传承文化：书院的藏书刻书

（一）书院的藏书

学生在书院读书，书院必然有一定数量的藏书供学生学习。清代武昌地区书院的藏书相比前代获得了很大的发展。在清代，书院藏书的扩充与政府的支持是分不开的，如康熙、乾隆等皇帝曾分别给白鹿洞书院、岳麓书院赐书。皇帝赐书的数量虽然有限，所赐的对象也只是几所著名的书院，但是他们的赐书行为对社会的影响很大，极大地推动了地方官员对书院藏书的重视和支持。清政府曾明令各书院购置图书，如乾隆元年（1736）三月十日礼部复准：“各省会城设有书院，亦一省人材聚集之地，宜多贮书籍，于造就之道有裨。令各省督抚动用存公银两，购买十三经、二十一史，发教官接管收贮，令士子熟读讲贯。”乾隆九年（1744）又议复：“各省学宫陆续颁到圣祖仁皇帝钦定《易》《书》《诗》《春秋传说汇纂》及《性理精义》《通鉴纲目》《御纂三礼》诸书，各书院院长自可恭请讲解。至《三通》等书未经备办者，饬督抚行令司道各员，于公用内酌量置办，以资诸生诵读。”[①] 各级政府不但支持书院藏书、购书，而且准允官员拨付公款购置图书。藏书是书院不可或缺的部分，凡书院主持者，都谋求扩充藏书。清代武昌县书院获颁书及武昌地区书院藏书情况如下：

---

① 刘伯骥：《广东书院制度》，台湾“国立”编译馆中华丛书编审委员会 1958 年版，第 321—322 页。

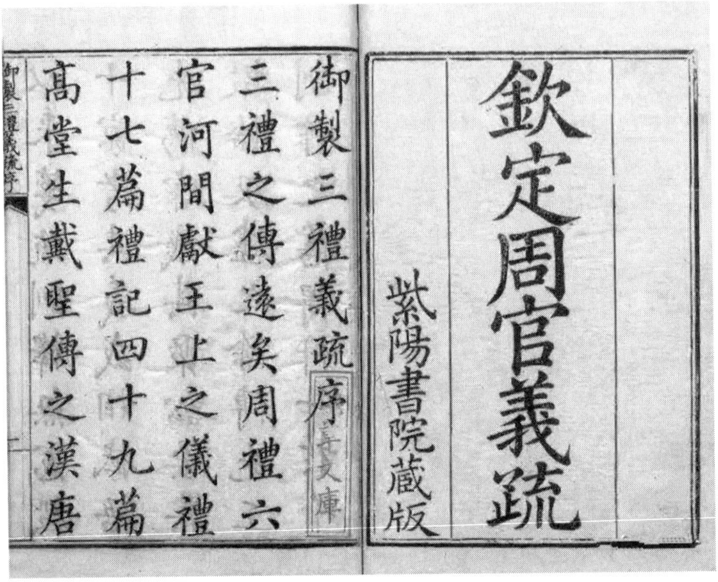

《钦定周官义疏》（紫阳书院藏版）

部颁书籍：《大清会典》一册。《学政全书》十本。《上谕》十二部，又补颁十本。《圣谕广训》一部。《上谕》十册。《御纂周易》二部，又《书经》一部。《御纂诗经》二部，又《诗经》一部。《御纂春秋》二部，又《春秋》一部。《御纂三礼》二十四函。《明史》十二套。钦颁《性理》二部，又《性理》一套。钦颁《四书》一部。《朱子全书》一部。《御制朋党论》一册。《驳吕留良讲义》一套。《御制钱名世诗》二本。《御制平定准噶尔碑文》一道，《御制乐善堂书文》十八本。[1]

---

① 邵遐龄等:《武昌县志》卷五《学校志·书院附书籍》，乾隆二十八年(1763)刻本，第15页。

从现有资料看，清代武汉地区有明确记载藏书的有武昌经心书院，储书万卷；武昌两湖书院，建立南、北书库，分储书籍……武昌勺庭书院，专有藏书之所监院厅，藏书四万余卷，为湖北历代藏书最多的书院。①

由上可见，书院藏书有以下几个特点：

第一，书院藏书普遍受到重视。书院建立之初，大多建有专门藏书的地方，有的称藏书楼，有的称藏经阁、尊经楼等。武昌地区的勺庭书院由督学薄有德的藏书之所发展而来。薄有德因藏书有了一定的规模，便购买民房，修葺以储书，后来慢慢扩建为勺庭书院。两湖书院建有南北两个书库，分储书籍，两湖书院的藏书至今还有一部分保留在湖北省图书馆古籍库中。汉阳府的崇正书院专设两间房储藏图书。清代藏书最多的书院为台湾鹿港文开书院，有图书 2 万余部，30 余万册，近 100 万卷。据邓洪波先生研究，清代一般书院的藏书量在 1000 卷左右。②武昌地区书院的藏书量虽难以与当时规模较大书院的藏书量相比，但基本上能达到全国书院藏书量的平均水平。

第二，藏书的品种单一。书院所藏之书主要为经史、理学类书籍，这是因为大多数书院还是以应付科举考试为目标，是为科举考试服务的。

第三，藏书大多为官府购置或民间捐赠。官绅以个人名义向书院捐赠图书及书院师生向书院捐赠藏书，在当时是比较普遍的情况。书院藏

① 李静霞：《武汉图书馆》，天津大学出版社 2017 年版，第 35 页。

② 邓洪波：《清代书院的藏书事业》，《中国书院》（第一辑），湖南大学出版社 1988 年版，第 88—89 页。

两湖书院北库的书柜（现藏湖北省图书馆新馆）

书也引起了当时社会的普遍重视。

第四，书籍的管理制度比较完善。书院内部形成了相对独立的图书管理制度，书籍由监院或学长、董事负责管理，向山长或官府、董事会负责。例如，两湖书院的南北书库曾由候选训导、候选盐运使分掌，并拨有专款，书库还会定期将图书拿出晒晾等。有的书院设有专门管理图书的斋长。书院藏书是师生学习与研究学术的基础，同时书院的藏书具有开放性的特点，为了方便师生借阅图书，书院一般会简化借阅手续，即由借阅者自行填写借阅信息，贴于书架上，监院随时检查，督促借阅者养成良好的借还习惯。当然，书院对损坏或丢失书籍的借阅者会给予惩罚。

（二）书院的刻书

书院藏书事业的发展与当时出版事业的兴盛是分不开的，清代印刷技术的提高也带动了书院刻书事业的发展。清代时全国出现了几个规模较大的书院出版机构，如广雅书局、尊经书局、味经刊书处等，它们的出现掀起了地方书院刊刻书籍的高潮。

书院刊刻的主要是院中师生的习作，反映了书院的学术成就。如经心书院曾刊刻《经心书院集》和《经心书院续集》，内容包括该院学生撰写的制艺试帖、考证经史的文章、研究理学的心得等。这些文章风格各异，代表着书院的学术研究或应试备考水平。“经心书院，顾名思义，宜以治经为先，词章亦必由经学出，乃为有本。诸生精研颖异者不少，其间体例，时有得失，未能尽为是正。院中书籍，间有未备，考一事或不能竟其端委。初时蓄意良奢，要俟数年归于醇茂耳。”此外，有的书院还为地方刊刻书籍，主要是刊刻地方志，如经心书院光绪十一年（1885）刊刻的《兴山县志》，麟溪书院同治三年（1864）

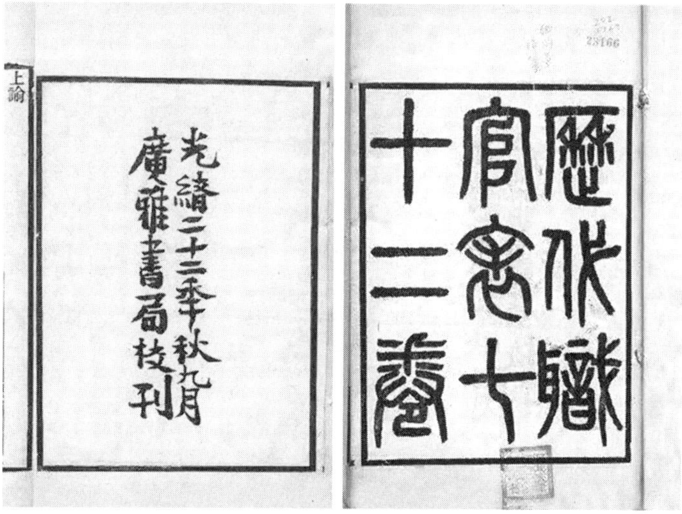

广雅书局刻印的《历代职官表》

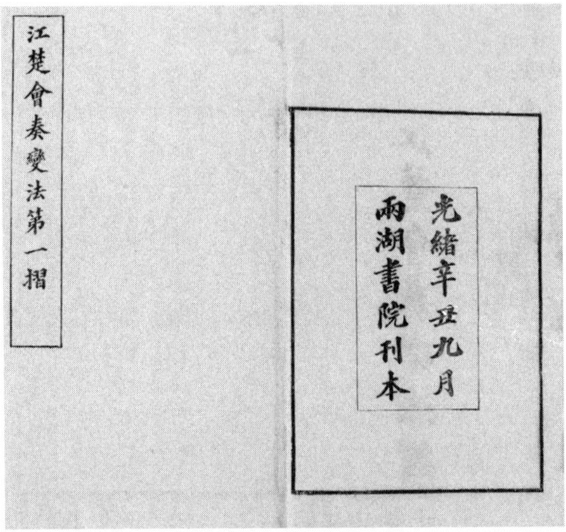

两湖书院刻印的《江楚会奏变法第一折》

刊刻的《恩施县志》，钟灵书院光绪二十年（1894）刊刻的《利川县志》，郧山书院同治九年（1870）刊刻的《郧阳县志》，富川书院光绪十五年（1889）刊刻的《兴国州志》等。清代时随着官学的衰落，书院逐渐取代了官学的地方文化中心的地位，书院刊刻的书籍的质量比其他地方机构刊刻的质量更高，更能体现一地文化的发展水平。书院刻书也为地方社会保留了一些文献资料。书院所刻之书不仅会入藏所在书院的藏书楼，惠及师生，而且也会入藏其他各书院的藏书楼，在一定程度上推动了地方文化事业的发展。虽然现在我们掌握的相关资料有限，但书院为地方刊刻书籍已说明书院刻书所服务的对象已经由院中师生扩展到地方社会。书院所刻之书内容丰富，有一部分为地方文献，也表明书院致力于地方文化建设，积极参与地方的文化活动。书院还刊印院志、田亩登记册等，以便后人了解书院的历史沿革、学

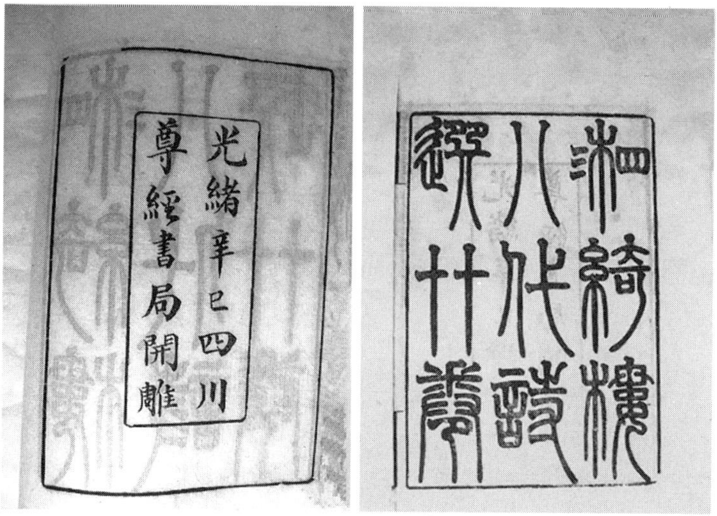

尊经书局刻印的《湘绮楼八代诗选》

规章程等。

以下是武汉地区书院刊刻的部分文献：

《问津书院志》九卷，清王抡士纂，康熙四十四年刊。

《问津院志》六卷，卷首一卷，卷末一卷，清王会釐纂，光绪三十一年刊。

《汉口紫阳书院志略》八卷，清董桂敷辑，嘉庆十一年刊。

《江汉书院讲义》十卷，清王心敬撰，清刊本。

《经心书院舆地课程》，清经心书院辑，光绪二十九年刊。

《经心书院集》四卷，清左绍佐编，光绪十五年刊。

《经心书院续集》十二卷，清谭献编，光绪二十一年刊。

《江汉书院志略》六卷，清陈诗纂，刊印时间不详。

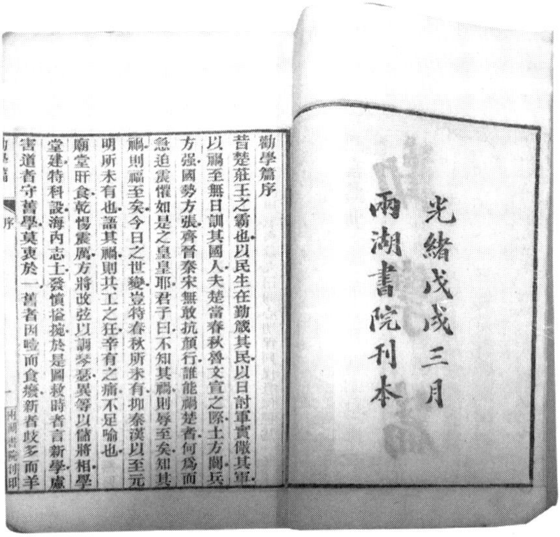

两湖书院刻印的《劝学篇》

清代湖北地区书院的刻书事业起步较晚，所刻书籍主要为课艺、书院志以及地方文献等，既为书院学生提供可参考的书籍，也为地方保留文献。

五、尊师崇道：书院的祭祀活动

（一）书院的祭祀仪式

书院是传授知识的地方，讲究尊师重道。在书院，课试、讲会、士子中举等都有一定的仪式。相比平日讲学的仪式，课试、讲会的仪式更严肃、隆重。书院对上课的流程、学生的座次等都有明确的规定。课试多以参加科举考试为目的，并进行相关的考试训练。书院的这些仪式，是对学生进行思想、礼仪教育的一种手段，对建立良好的教学秩序有一定作用，体现了书院尊师重道的精神。但这些仪式有时失之

古代书院中的孔子像

烦琐，有时则不免流于形式。

书院的各种仪式中最为讲究的应为祭祀活动。书院是教育学生的场所，也是祭祀的地方。秦朝统一全国后，将博士置于太常之下，实是古制的反映。隋朝时国子寺不再隶属于太常，这是教育独立于礼仪祭祀的开端。隋朝以后，学校里的祭祀活动看似宗教行为，但实际上更多地体现为教育意义。书院的建筑空间往往包含两种，一是教学空间，一是祭祀空间。教学空间以讲堂或明伦堂为中心，包含藏书楼、师生斋舍等；祭祀空间以祠宇为中心，包含乡贤祠、名宦祠以及文昌祠等。武昌地区的书院都有祭祀的空间，形成了祭祀体系。书院祭祀的来源是古代学校的释奠和释菜，一般分春秋两祭，参加祭祀的人员多为地方官员、文人耆宿、新科进士、举人、在外为官回乡省亲的官员、书院学生等。这些人斋戒沐浴后穿特定服装，竭诚尽敬前往书院参加仪式。书院祭祀的规模视书院的级别和规模而定，例如问津书院每次参加祭祀的有几百人。书院祭祀时有主祭和陪祭，如主祭为知府、县令，则选邑中耆宿、乡官为陪祭；如乡官为主祭，则选地方士绅为陪祭。书院祭祀不像官学祭祀那样死板，许多地方可以灵活变通，如祭祀的时间可视具体情况进行调整。问津书院原来沿用传统的春秋祭期，康熙十五年（1676），武昌府知府于成龙亲自来问津书院主持祭祀，因问津书院祭期与官学祭期相同，于成龙难以兼顾，于是他建议问津书院将每年的春秋祭期分别改为三月十五日和九月十五日。

书院对祭祀牌位的处理也十分讲究。根据朱熹的建议，古代书院祭祀不设塑像，而是用木牌代替，即用木片做一个牌位，以此与佛教祭拜塑像相区别。书院对祭祀的流程、祭品、舞蹈和曲目等也有明确的规定。

问津书院

（二）书院祭祀的对象和特点

武昌地区书院祭祀的对象多为儒家先师、先圣，如此能够体现书院的学术传承，凸显地域色彩。在古代，书院与官学都祭祀大成至圣先师孔子，但官学的祭祀对象有明确的规定，而书院的祭祀对象则更为多样。随着社会的发展，书院的祭祀对象不单只有先师、先圣、先贤、乡宦，这使书院在政治上的象征意义有所减弱。新洲问津书院的祭祀对象有孔子、仲子、朱子、文昌帝君、魁星等，祭祀的流程为上香、跪拜、献礼、献帛、献爵、献馔、读祝文、焚帛、焚祝文等，这些流程到后来逐渐简化。

古代各地书院为了维护儒学的正统地位，对先师、先圣的祭祀十分隆重。有的书院也设先贤塑像于书院中，这样学生在书院读书时更能感受到儒家先贤的精神。

古代书院中的先贤牌位

书院还祭祀对地方或书院发展作出过重要贡献的地方官员。中国古代官制有“原籍回避”的规定，所以各地的主要官员基本上是客籍人士。受祭祀的地方官员或造福一方，得到民众的赞扬与怀念；或关心书院的建设，为书院的发展作出较大的贡献；或地方官员本身是儒学大师，关心文教，促进了地方文化的发展。

书院也祭祀本地的先贤。两湖书院祭祀的场所为楚学祠，祭祀楚地历史上学问或事功突出的学者，希望他们的精神能够流传久远。贺汝珩曾撰《楚学祠碑》，他在碑文中说：“南皮张公既创立两湖书院，俾南北之士肄业于斯，而又恐诸生之昧于所自也，于是别立楚学祠于堂之上楹，月吉则相率而行礼焉。栖筠孝友，绘传以图，若水躬行，削木为主。肃襄阳之耆旧，祀楚国之先贤，显微阐幽，于今为烈……于是设楚师儒之位，自鬻子而下，凡若干人。又或文翁守蜀郡，招子弟于下县；景行判会昌，礼师儒于精舍。张霸劝学，不绝弦歌……滔滔江汉，上开岳云。厥惟楚望，代有闻人。雎麟起化，风诗所先。兰湛益粹，人树斯蕃。昔吾先正，首导宗风。德行道艺，昭若发蒙。我思古人，微言未坠。来者为谁，斯文曷寄……”①

武昌地区书院祭祀的对象除上面提到的那些人外，还普遍祭祀文昌帝君。明清时期，有的书院院址就设在文昌宫内，书院祭祀和文昌帝君祭祀同时进行，并不冲突。有的书院专建文昌宫作为祭祀的场所，并对祭祀的费用及宫舍的维修费用有明确规定。

书院为何会祭祀文昌帝君呢？主要有以下几个原因。一是道教对书院祭祀的影响。道教信奉神仙，文昌星是北斗星旁六星的总称，为吉

① 谭献编：《经心书院续集》卷十二《楚学祠碑》，光绪二十一年（1895）湖北官书局刻本，第47—48页。

明代文昌帝君白釉瓷雕（福建博物院藏）

星，主大贵。道教尊奉西晋的张亚子为梓潼帝君，玉皇大帝命其掌管文昌府和人间禄籍，主管凡人功名。唐僖宗时封张亚子为“济顺王”，南宋时封张亚子为“神文圣武孝德忠仁王”，元代时又称张亚子为“文昌宫梓潼帝君”。文昌帝君诞辰作为民间节日在清代较为流行。清代，民间以二月初三为文昌帝君的诞辰，士人们在这天会举行相关活动。[①] 二是书院科举化的影响。湖北的书院在清代大多仍为考课式书院，因文昌帝君掌管人间文运，当时人们普遍认为，一个地方文教事业兴盛、中举人数多，虽然是众人努力的结果，但也有文昌帝君暗中保佑之功，故书院祭祀逐渐将文昌帝君作为祭祀对象。三是文昌帝君的祭祀具有教化作用。文昌帝君是忠孝的象征，清代时书院的学生为了能够科举高中，逐渐开始祭祀文昌帝君。

① 常建华：《清代的国家与社会研究》，人民出版社 2006 年版，第 384 页。

民间文昌帝君像

总的来说，书院祭祀具有很大的包容性，祭祀对象既有官学祭祀的对象，又有民间祭祀的对象，同时祭祀活动也具有浓厚的乡土特色。

（三）书院祭祀的社会效果

武昌地区书院祭祀对象的多元化，显示了书院作为社会组织的复杂性。书院的祭祀活动有明显的社会教化功能，不只是为了教化书院学生。晚清时期，中国社会开始转型，人们的人生观、价值观开始发生变化，书院除祭祀儒家先师、先圣外，亦祭祀乡贤、名宦，这表明人们的价值观开始多元化，并非只尊崇儒学。书院在一千多年的发展中，已经从一种单纯的教育机构发展为集教学、藏书、祭祀、出版等功能于一体的社会组织，得到了社会各界人士的关注：既得到了地方贤达的资助，也得到了民众的认同。在书院祭祀中为这些已去世的社会贤达保留相应的位置，是对他们的认可，亦是鼓励社会积极关注书院的发展。

书院祭祀时地方官员一般会亲临书院主持仪式，有的官员还会拨付专款，不过这样一来祭祀程序也容易被官方控制。官方对儒家圣贤进行祭祀，表明了儒学在国家政治和文化生活的重要地位。社会贤达和普通百姓都有机会参与书院的祭祀活动，因为地方官员把祭祀活动作为社会教化的主要途径。湖广总督张之洞曾亲自参加两湖书院的开学典礼，并且亲自率领师生向孔子神位行三跪九叩之礼，鼓励学生“读正书、崇正学”，努力学习，忠君爱国，将来报效国家。贵为湖广总督的张之洞如此重视教育、尊崇圣贤，到场学生自然大为感动，他们的希圣希贤之志、精忠报国之思油然而生。

书院注重祭祀的教育功效，就是利用祭祀礼仪直观地表达对圣贤的尊崇，以引导师生道德的提升。书院的祭祀能使学生更直观地感受到先圣先贤的形象，使他们产生心灵的震撼。书院广大学生读圣贤书，在虔诚肃穆的气氛中通过仪式祭拜圣贤，在日常生活中自然会以圣贤为楷模，以圣贤作为自己学习奋斗的榜样。书院设立的祭祀空间让学生与圣贤更容易“接近”，圣贤再也不是字里行间的想象，而是比较形象的人物塑像或画像，这样缩短了学生与圣贤的心理距离，能使学生从中受到启迪，进而勤奋研读儒家经典，最终达到教育之目的。

书院祭祀向普通民众开放，为闭塞的乡村社会提供了一种传播文化的途径，道德规范和民间习俗等随着祭祀仪式会对乡民产生持久而广泛的影响。文本的传播对民间的教化作用较为有限，而祭祀活动突破了文本的限制，它具有通俗性、直观性和教化性，对地方文教事业的发展有着不可替代的作用。中国传统社会被称为乡土社会，注重地缘和血缘关系，乡土观念浓厚，书院祭祀是进行乡土教育的很好形式。书院祭祀为地方社会发展作出突出贡献的人，可联络地方民众的感情，这充分显示了书院祭祀的特殊作用。书院祭祀用制度化的方法把乡土情谊的培植推进到庄严的仪式中，给参与者以潜移默化的影响。此外，主持书院的人一般为地方名儒，颇受地方社会的尊崇，他们重视教育，言传身教，是地方的道德楷模，也是地方文教政策的具体执行者。需要指出的是，书院祭祀并不是孤立的，它又和祭祀神社等活动交织在一起，人们从小在这种文化氛围中成长，自然会增加对家乡历史的了解，增加乡土自豪感。对乡土、家乡的热爱之情增加，学生就会对家乡产生眷恋和感激之情。日后随着生活地域变化，人生阅历增加，人们就会把对故土的热爱之情上升到对祖国、民族的热爱之情。书院祭祀的社会教育功能为现代教育提供了有益的启示。今天，每当清明节时很多学校组织师生到革命烈士陵园等地祭奠，这些活动就是进行乡土历史教育和爱国主义教育的很好形式。

书院祭祀具有很强的社会教化功效，不仅教化学生，还教化一方社会。如何批判地继承书院的祭祀传统，值得我们认真思考。

六、灵活多元：书院的经费管理

书院经费是指为了保证书院开展正常的活动而投入的人力、物力、财力的总和。书院经费是书院赖以存在和发展的基础，所谓“经费志养源也”，“必经费有余而后事可经久也”。一般来讲，凡书院的全部建筑、一切设施、所藏图书，以及所有的田、地、山、塘等，都属于财物方面的投入。此外，书院的经费还包括维持正常教学的费用，如学生的膏火银、考课的奖赏银、山长及教师的工资、祭祀的费用，以及房舍修建、书本及教学设施的添置等产生的费用等。书院的发展与地方经济的发展有密切关系，经济发达的地区一般也是书院发展较好的地区，因为书院的经费主要来自民间资金的捐输。武昌地区书院的经费来源呈现多元化的特点，不管是官办还是民办书院都出现了官民共建的局面。明末清初，随着武汉三镇商品经济的发展，商人为书院的发展注入了许多资金，作用巨大。同时，书院对资产采取多元化经营，使书院的经费得到保障。古代书院在经费管理方面有许多成功的经验值得今天的学校借鉴。

（一）经费来源多渠道

清代，武昌地区的书院在前代书院建设的基础上积累了丰富的经验，形成了依靠社会力量办学的特点。雍正帝即位后，开办书院开始得到政府的支持，但政府的经济支持只限于少数省级大书院和知名书院，府、州、县的书院只能由地方官和乡绅来兴办。一般来说，仅靠一种渠道能够获得的经费是有限的，所得资金无法维持书院正常运行，因此，大多数书院的经费来源是多元化、多渠道的。

据史料记载，武昌地区的江汉书院曾获得过政府的拨款。雍正十一年（1733），江汉书院得到朝廷赐帑金一千两，但这远远不够维持书院的运作。江汉书院又借支藩库公项银三千两，又积余息一千两，共得银五千两，借给当地典商，以一分五厘生息，每年共收息银九百两，但经费仍然紧张。后来湖广总督德沛捐银五千两，存典生息，作为书院的经费。由此可见当时国家对书院的拨款是十分有限的，书院只有采用多种形式经营资产，才能让有限经费增值。

官员捐赠指在职文武官员以个人名义捐出自己的资财作为书院的经费。当书院需要的经费数目超出官员所能承担的范围，官员便倡导社会捐资，这成为当时最普遍的兴学方式。地方官员在可操作的范围内运用各种资源来实现自己的个人理想，而修建书院也总是包含在官员们移风

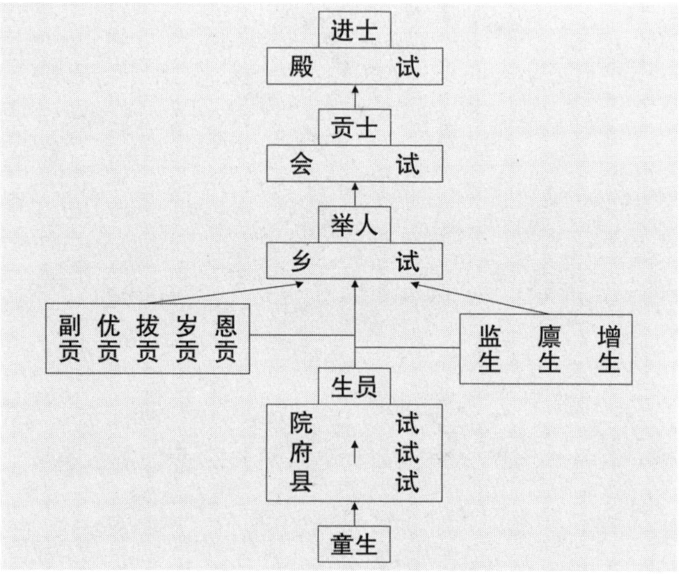

清代科举考试流程简表

易俗、改造乡里这类崇高的政治理想之中，所以官员们十分愿意出力。地方官员利用地方上的各种资源服务于地方公益事业建设，是造福一方的好事，同时，考生若科场得意，也可为地方官员争光。

地方官府拨款受到限制，是因官府本无这笔专用经费，所以地方官府很多时候只能以拨公银、拨公田、拨废旧庙宇和田产等方式资助书院。如清代汉阳府知府刘斌十分重视文教建设，他将救灾款的余资拨给晴川书院，用于书院的改建。“嘉庆己未，余来守汉阳，值教匪滋扰，郧襄军书旁午。庚申岁谷嗛，上游平民就食者日数万口计，醵金劝赈。越明年夏，赈事已毕，项有盈余，即示为地方公事资，正议改建书院，用余资买试院西旁的张家宅院，计用去千八百。”[①] 官府还把地方上的一

① 黄式度、王庭桢：《续辑汉阳县志》卷二十七，同治七年（1868）刻本，第86页。

些争讼之田或绝户田通过劝说、沟通等方式划给书院。

官员虽然能够利用手中的权力给书院拨公款，但数目十分有限，所以地方官常常带头捐款。例如，为建经心书院，张之洞带头捐俸，商人、民众等积极响应捐献钱财，保证了书院的基本运营经费。因此，官民捐输是书院经费的重要来源。书院的性质很难用官办或民办来界定，许多书院的修建费用远超官员所能承担的范围，所以官民合作共建自然成为最普遍的兴学方式。这种方式一般为地方官员带头捐献若干俸禄，进而带动乡绅百姓一起捐款兴学。地方官员捐资、捐物对地方兴学兴教具有很重要的作用。

官员这种以个人名义捐助书院的行为从表面上看属于民间捐输，与官府赐拨有区别，但中国传统社会是一个官本位社会，官员具有较强的号召力，从这点来看，官员个人捐助又具有官府赐拨的功效。

明清时期，随着汉口地区商贸的发展，武昌地区的商品经济也得到一定发展，商人参与办学是清代武汉地区书院的又一个明显特征。清代武汉地区对书院的捐赠以盐商、茶商等的捐赠较为突出。如汉阳府的凤山书院、晴川书院原有筹备银四千一百三十两，盐商捐银三千七百三十两。汉口义民徐镐经商，性好义，热心于为地方修桥梁、置义学、舍药等，给江汉、晴川两书院捐膏火千两。民众捐赠是书院经费最重要也最可靠的来源。首先，它的基础广泛，除官府在职官员外，参与者还有社会各个阶层的成员乃至外国教会人员。其次，就个体而言，民众捐赠数量虽不多，但总体上积少成多、集腋成裘，其量也大。再次，相对于官输之“或作或辍”、官走政息的特点来讲，民众捐赠在总体上保持稳定，捐助可以源源不断。

由上可见，清代书院经费来源多样化，充分体现在这种官民合力捐资办学的方式上，官民合力是当时地方书院建设的一大特点。

（二）官民结合管理经费

清代书院的经费管理，官府起着举足轻重的作用，这是书院官学化在经济中的鲜明体现。官府在防止内外侵渔、保障书院经费正常运转方面，起过一定的积极作用，但官府有时也会随意决定书院经费的使用，给书院造成损失。如果书院经费遭官府挪用，以致本银无存，书院可能无法开课，最后只能把书院交给民间士绅办理。

官府直接管理的书院主要为省级、府级书院，以及个别县级书院。这种书院官府一般派有监院，总管院内除教学以外的事务。许多书院设董事或司事等专管财务，这些财务管理人员由乡绅或书院选拔，有一定的任期。书院的财产都要到官署备案，以备官府检查。官府监督下的董事会制度具有很大的优越性和灵活性，既可以避免民办书院势单力薄、官办书院漏洞难堵之弊端，又可集合官、民各自之优势，调动二者的积极性。

清代特别是雍正朝以后，书院的经费管理是在朝廷政策支持和官府不同程度的监控下进行的，有一定的公开、民主性。这一时期书院逐渐由官办转为官督民办，书院的董事会由地方推举的士绅轮流负责，定期向官府报告，书院每年的支出都要公示。书院收租之时必须拿租簿向官府请示，由官府盖章，以防假冒。

民间管理的书院也需官府或多或少给予帮助。官府可以运用权力扩大民间书院的影响，也可以解决书院存在的纠纷，若书院破烂不堪，官府可以鼓励地方士绅筹集资金修复。

清代时，武昌地区的书院虽然大多由地方官员创办，但书院管理逐渐由官方转到民间。书院普遍由董事管理书院的经费，使经费的收支更加公开、透明。官府也从书院的具体管理中抽离，逐渐在宏观上把握书院的发展方向，这也使书院有更多的灵活性、自主性，有利于提高办学质量。

（三）资产采取多元化经营

书院办学需要稳定的经费来源，除少数得到官方固定拨款的书院外，大多数书院筹集经费的途径不是固定的，因此，书院必须采取多种经营方式来保障自身的正常运转。书院除将一部分资金用于日常支出外，剩余资产则需进行多元化经营并使之增值。书院一般将其经营所得部分用于支出，尽量不动用本金，这样才能保证书院经费的稳定。清代武昌地区书院的资产采取多元化经营，书院可出租所拥有的田产、房屋、店铺以及山林河塘等，还可将钱“发商生息”，有的书院同时采用几种经营方式，以求最大限度降低风险。

总的来说，书院的资产主要有两种，一是田产、店铺、山林等固定资产，二是银两等资金。学田制是中国古代为学校筹集办学经费的一种特殊制度，学田在各类学校中发挥着巨大作用。学田田产经营一般是书院经费的主要来源，书院置办田产的目的在于获取稳定收入。

书院还较多采用“发商生息”的经营方式，这种方式是把书院暂时不用的经费存于盐商或典当商人手上，以获得利息。“发商生息”的方法较之于传统的以学田收租的方法，经营更简单便捷，因为学田的出租需书院直接管理，若发生自然灾害或佃户拖欠田租，会给书院带来损失，而“发商生息”则不需要书院直接经营产业，书院可以节省人力。这种“发商生息”的经营方式在书院中是极为常见的。

“发商生息”的方式也存在一定弊端。如果书院管理人员挪用经费、保管经费的商人破产等，会导致书院经费本息无归。为了减少风险，大多数书院采取多种方式经营，既用学田收租，又用银两“发商生息”，此外，还出租房屋、店铺等。

社会动乱也会给书院带来巨大影响，使书院处于危机之中，如战争会导致田地荒芜、店铺受毁，书院经费得不到保障。江汉书院作为省级书院，每年束脩、膏火等事宜都由督抚管理，经费比较充足。不过，经历咸丰初年的动乱之后，江汉书院的规制虽然逐渐恢复，但学生膏火不如以前充裕。武昌府的勺庭书院经战乱后资产所剩无几，书院经费也被挪作他用。同治《江夏县志》记载：“江汉、勺庭二书院旧皆经费充足，乱后租息荡然，江汉为通省人才所聚，故各大宪力修复之。勺庭仅一府生童肄业，不能动用公项，专恃郡伯捐廉，故至今未复，书院地基又已改为抚院箭道，他日纵能移建，而薄公祠祀必不可复，藏书亦不可再睹，前人遗爱湮没无传，惜哉。……若能专延通经之

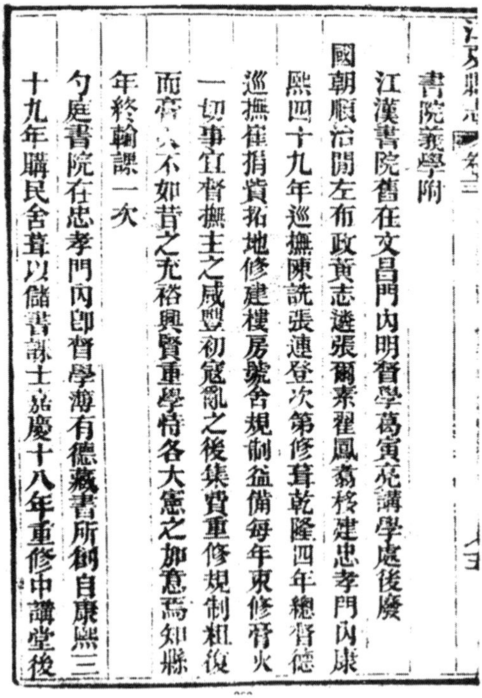
江夏縣志 卷三

書院義學附

江漢書院舊在文昌門內明督學葛寅亮講學處後廢

國朝順治間左布政黃志遴張爾素翟鳳翥移建忠孝門內康熙四十九年巡撫陳詵張連登次第修葺乾隆四年總督德

巡撫崔捐貲拓地修建樓房號舍規制益備每年束修膏火一切事宜督撫主之咸豐初寇亂之後集費重修規制粗復而膏火不如昔之充裕興賢重學恃各大憲之加意焉知縣年終輸課一次

勺庭書院在忠孝門內即督學海有德藏書所創自康熙三十九年購民舍葺以儲書課士嘉慶十八年重修中講堂後

同治《江夏县志》关于江汉书院、勺庭书院的记载

士教授，生徒秀异，不必求多，朝暮拔尤，其余自奋黜华崇实，风俗转移，不惟储备人才而治理亦日归于厚矣。”①

由此可见，如果发生动乱、战争等，必然会影响书院的正常运转。书院采取单一的资产经营方式面临诸多风险，因此大多书院采取多种方式经营资产，确保收入的稳定。

（四）书院经费的使用

书院经费大多用于教学、管理、祭祀、维修等方面。

膏火是书院支出中必不可少的一部分。膏火是“养士费”的别称，一般指书院发给学生的生活费。书院发给学生的膏火充足，充分反映了书院经费的养士功能。在实际发放过程中，每个学生都有膏火，这样全体学生都能安心学习。

教学之费不可省。“对养士的长期关注，形成了一个颇具中国特色的古代教育经济理论，那就是‘教养相资’，亦可称作‘养教相资’，其主要内容是将教、养分开对待而又强调两者之间相资互济的重要性。”②

明清以来，书院与科举考试的联系日益密切，书院养士费的概念外延至宾兴费，宾兴费即学生参加科举考试所需的费用。清代不少书院对内、外、附课学生发放不同的宾兴费以示奖励，充分反映了书院紧密围绕科举办学的特点。“宾兴”一词源自周朝，当时的选士法为“自乡小学举贤能而宾礼之，以升于国学”。科举制实行后，地方官仿古时的乡饮酒礼，设宴招待应举之士，谓之宾兴。后来也有称乡试为宾兴者，“宾兴”逐渐演变成科举考试的代名词。明清以来，书院日渐

---

① 王庭桢：《江夏县志》卷三《学校志六·书院义学附》，同治八年（1869）刻本，第 76 页。

② 陈谷嘉、邓洪波：《中国书院制度研究》，浙江教育出版社 1997 年版，第 333 页。

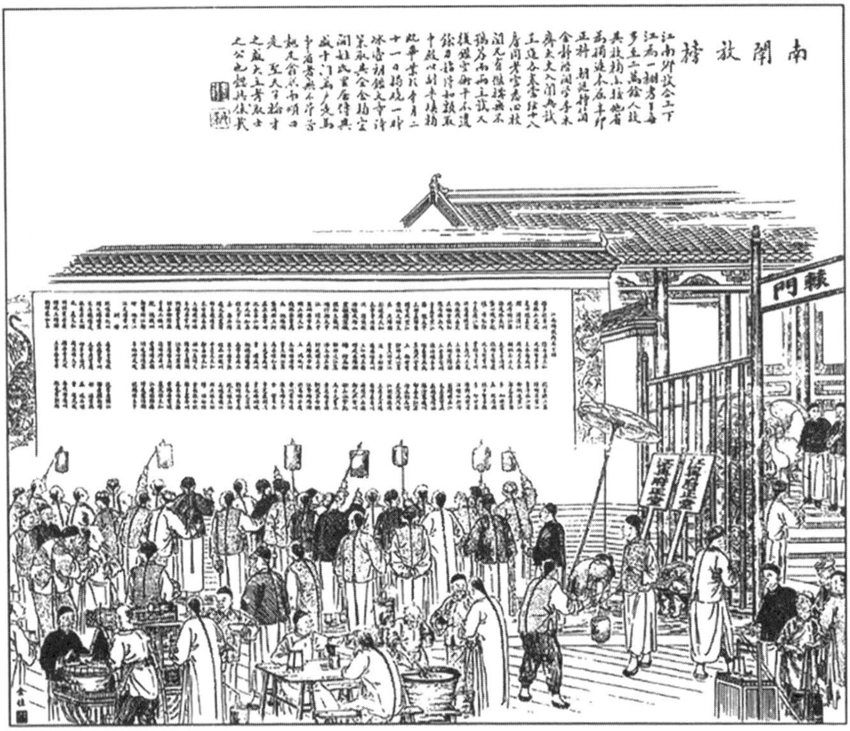

南闱放榜图（刊于《点石斋画报》）

与科举制相结合，科举考试的成功与书院教育的成功几乎等同，于是养士的概念就外延至资助科举考试了。书院对宾兴费的发放有严格规定，以防止冒领或不考而领取。

书院在支出方面厉行节约，以求把有限的经费用在关键地方。书院对学生奖惩分明，为他们提供各种补贴，目的是让他们潜心向学，能够科举高中。

清代时，书院之所以得到各方的支持，形成官民办学的合力，有诸多原因。首先是清政府的倡导。政府对地方自主办学予以支持和鼓励，对办学成效突出的官员给予提拔，这是各级官员建校办学的最大动力。其次是社会需求。对普通百姓和商人来说，兴建书院关系他们的切身利益，因为官学名额有限，普通百姓难以入学，而书院是官学的补充，可为普通百姓提供上学的机会。对官员来说，儒家教化为本、政教合一的古训是地方官员兴办书院的思想依据，地方官员兴教育以谋求地方的安定。当时不少官员或本着兴教育的目的，或为朝廷政策所驱动，积极出钱出力，率领乡民修建书院。这种热心地方教育的行为，无疑为百姓树立了很好的榜样，对社会助学是非常有益的。

总之，武昌地区书院的管理在清代出现了新特点，如书院经费来源多元化、书院管理的官民结合等，这些充分体现了书院有别于千篇一律的官学。书院逐渐形成了既统一又形式相对多样的办学体系，具有较强的灵活性，与私学相比，又更具稳定性。

七、德才兼备：山长聘请及待遇

（一）聘请德才兼备的人担任山长

山长是书院管理的核心人物，对书院的发展十分重要，因此书院对山长的选聘十分慎重。山长之名始于五代，与书院创建于山林秀美之处有关，亦有退隐泉下、居山养老之意。宋、元以后，书院普遍设立此职。山长还有洞主、院长等不同的称谓。清代乾隆皇帝认为山长名称不雅，多山野之气，便改山长为院长。但习惯已成，于是山长、院长名称并用。乾隆朝后，政府对省级书院师资的聘请作了明确的规定。政府对山长有任免大权，并制定了相关的考核制度。一般来说，山长的选任有两种方式，一是省级书院的山长须由官府聘用，二是府、州、县地方书院的山长可先由地方士绅推选，再报请官府审核决定。

相较于官选官聘，由士绅共同推选的办法更加灵活，更有利于书院的发展。因为地方书院大多由当地士绅出资修建，书院的兴衰与他们的利益息息相关，他们往往会聘请德才兼备的人任山长。众人一旦发现山长名不副实，疏于教学，也能随时请求解聘山长。

清代湖北地区省级书院有三个，分别是江汉书院、经心书院、两湖书院，三个书院都建在武昌。三个书院的山长都由官府聘用，如江汉书院的山长由督抚决定聘用人员。其他书院则大多由地方士绅倡建，地方士绅为书院提供主要的经费。地方士绅既是书院的创建者，又是书院经费的主要捐助者，自然对书院有一定的管理权，可参与决定书院经费的使用、山长的聘用等。

清雍正、乾隆时期，由于朝廷明确规定山长由官方任命，故山长多由官定。嘉庆以后，官定山长的弊端日益凸显，随着地方士绅权力的不断扩大，山长聘任之权出现了由官府逐渐下移至邑中士绅的趋势。因此，各书院一般实行“士绅公举再官聘”的山长聘任制度。山长聘任之权下移后，为了确保官府的权威，也为了防止劣绅操纵山长聘任，山长的最终决定权仍在官府。虽然地方官员凭借权力可以决定书院山长的选聘，但他们要受到地方公论的约束，因为民间士绅参与书院管理并有相当大的权力，尤其是那些田产也归书院首士管理的书院，这种权力已经达到足以影响官方决定的地步。

清代后期，一些由官府聘任的山长徒有虚名，有的不按时到馆，有的懒于应课，这种聘用方式的弊端越来越严重。针对这些弊端，一些书院进行了调整。有的书院根据山长候选人讲课的实效决定是否聘请，以保证聘请到德才兼备的山长。如果没有合适的人选，可以聘请教师中品学端正、学问高深的人临时代理山长。有的书院还对山长开课的时间作了明确规定，山长不能按期到书院的，每年薪水只按十个月计算。

书院对山长的要求很高，因为山长既是书院的管理者，又是主讲者和学术带头人，山长的任用直接关系到书院的生存与发展。选择山长的标准，一般是德才兼备，有一定的学识和资格（即出身）。有的书院明确要求山长必须是举人或进士。诚然，出身的高低不能作为衡量一个人学术水平和教学能力高低的唯一标准，但用它作为选择山长的参考标准是必要的。有的书院不但对山长的出身有要求，而且还要求山长必须是本地人，这主要是为防止山长不能常年住院讲学。不过，也有书院不主张聘请本地人担任山长，主要是为了避嫌。其实山长是否是本地人并不重要，最重要的是山长的学问和品德。山长为书院之首，是诸生的表率，首先要考虑的应是其学问和品行，其次才是其出身、资历，籍贯并不是最重要的。

书院山长的来源主要有三种，一是致仕之人，二是出仕之人，三是地方上的士绅、耆老、宿儒等。

致仕之人大多数拥有功名，如京山查文经曾为道光年间的进士，历任户部主事、员外郎，知常州、苏州，后为江宁布政使及福建、甘肃按察使。查文经致仕后回乡捐资创办书院和义学，并在书院讲学多年。“同治七年回籍，捐田三百五十余石，又地二十八块，柴山十八形，分别建立凤山书院、义庄、家塾，并捐入江汉、晴川书院田一百一十余石，资助膏火奉……查文经赏给二品顶戴……著有《木樨香馆诗稿》，梓行……查文经准其建坊，给予‘乐善好施’字样。”① 有的人甚至被多个书院聘请为山长，主要原因在于致仕之人拥有许多社会资源，对书院的发展很有帮助。这些人都是科举中式之人，他们的学习方法、知识储备以及丰富的考试经验，都是书院教学的重要内容。致仕回乡在书院主讲的人有很多，如黄陂吴杰为嘉庆六年（1801）进士，曾任兵科掌印给事

① 曾宪德：《京山县志》卷十一《宦迹列传》，光绪八年（1882）刻本，第321页。

中，晚年回乡主讲晴川书院。致仕之人不仅有丰富的科举考试经验，而且回到地方可以利用自己所拥有的资源从事公益事业，造福一方。

还有一些官员因父母去世或自己生病回到家乡，被地方官员聘请为书院主讲。例如黄陂人周承锦为嘉庆进士，曾任河南济源知县，因父母去世返乡，在家丁忧期间，担任荆门龙泉书院、汉阳晴川书院山长。汉阳府汉川人李祖材为乾隆进士，曾任山东福山知县，后因病回乡，历任勺庭、玉台、天门、涂山等书院山长。李祖材善于启发学生，乐于提携后进，爱好书法，声名远播。

地方官出任书院教师的情况也较为普遍。侯执信在雍正年间曾任白水县知县，后为江夏县学教谕，他曾在江汉书院兼任主讲，远近学子争相向他求学。他还捐薪资修学宫、泮池，开渠引水。书院创建之时若山长没有合适人选，则由地方官兼任，如此不但能弥补师资力量的不足，也能实现地方资源共享。

拥有功名但未仕的人也可能成为山长。当时人们普遍认为，读书人考取功名后就应踏上仕途，如果未能在官府中任职，他们还可以从事教学工作。教师在明清时期是受人尊敬的职业。清朝中后期，人口迅速增长，获取较高功名越来越难，生员人数又过多，一些较低功名的读书人为生计所迫，选择到书院讲学，这样既能解决生计问题，也能获得较高的社会地位。有的教师一边在书院讲学、研究学术，一边准备参加更高级别的科举考试。书院的山长一般有较高的学术水平和声誉，这是他们能成为山长的主要原因。有的山长本身就有功名在身，学问又渊博，被聘为书院主讲也是理所当然的。

（二）书院山长的待遇

一般来说，书院山长为一年一聘，每年冬季书院开展聘用工作，在春节前由书院所在地方官府发出聘书，并附上一年的聘金。武昌地区的书院不乏影响深远的山长，如夏力恕、陈诗等执教江汉书院二十余年，为江汉书院的发展作出了卓越的贡献。

山长在书院承担教学和管理的双重职责，因此也享受较为优厚的待遇。武昌地区各书院山长的收入不能一概而论，因所在书院的级别、性质、规模的不同而有较大的差别。相对来说，省级书院规模大，资金雄厚，有政府拨款，山长薪资一般比普通书院山长的薪资高出许多。清代省会或商业繁荣地区的书院山长的年收入大约是 500 两白银，一般地区书院山长的年收入大约是 200 两白银。两湖书院直属湖广总督管理，资金雄厚，据毕业于两湖书院的学生张知本回忆，书院各科教师月薪 100 两，并配备房屋一栋，当时的候补道都没有这么高的待遇。学生陈英才也在回忆录中说，两湖书院的各科教师都是有名望的人，每年薪资 800 两以上。两湖书院普通任课教师都有这么高的收入，书院山长的收入自然更高。不过，其他书院山长的收入没有这么高，例如宜昌府的墨池书院，规模较大，学生也多，有正课生、附课生近 200 人，山长的教学任务繁重，每年有束脩银 200 两，薪水银 120 两，加起来 350 两左右。此外，山长还享有不错的福利，平时还有三节礼等。如果山长不能很好地履行职责，因故中途停止主讲，书院也会扣发其薪资。

书院山长的待遇比官学教师的待遇要好。府学教师在明朝时品级仅为从九品，到清朝则升为正七品，至于人数众多的县级以下官学教师在明朝尚未入流，到清代才被纳入官僚体系中。尽管如此，官学教师仍是官僚体系的最下层，有些教师只能拿半俸，乾隆朝以后才拿全俸。[①] 书院山长的薪资还明显高于书院其他教师。张仲礼在考察中国绅士的收入时指出："在中华帝国，教书一般被认为是受人尊重但收入不高的职业。

① 马镛：《中国教育制度通史》第 5 卷，山东教育出版社 2000 年版，第 146 页。

然而，与非绅士的塾师相比，有绅士身份的塾师所能获得的收入要高一些……在书院主讲的教师即'山长'平均年收入为350两，其他有绅士身份的塾师平均年收入为100两上下。"[①] 有学者对书院不同职位的教职人员的收入进行过比较，认为书院山长在所有教师中享有最高的待遇。

山长虽然没有朝廷官职在身，但有束脩、薪水、三节礼钱，还有很高的社会地位，深得社会的尊重。不过，书院山长几乎没有晋升空间，因为书院处于官、私之间，山长不能成为官员。清朝曾规定如果山长连续6年教学有成，学政等官可以上奏，提请嘉奖山长，或者晋升山长为学官，但很少有这种情况。在中国传统社会中，士子以出仕为自己的人生目标，许多人在书院任山长只是权宜之计，有的人任山长时在书院中边教边学。有的人是赋闲来书院担任山长，以此获得丰厚的收入。当然也有些山长为了学术理想，把书院作为与世隔绝的一方净土，潜心教书育人，献身学术研究。

清代武昌地区各书院大多是为科举考试服务的，最终目的是让更多的学生在科场中发挥出色，一举中式，这在一定程度上不利于发展学术和活跃思想。但总的看来，书院为读书人创造了良好的学习环境，大力发展地方文教事业，是值得肯定的。书院相较于官学在管理上更为灵活，不像官学后来没有实际教学活动，也不像私学教学散漫，因此，清代时书院逐渐成为地方主要的教育机构，承担着培养人才的重任，是地方的文化中心。

---

① 张仲礼：《中国绅士研究》，上海人民出版社2019年版，第297页。

两湖总师范学堂校舍（麦小朵绘）

问津书院（麦小朵绘）

第三章
江汉书院

江汉书院自明代万历年间开办，至清代光绪二十八年（1902）并入经心书院，存在时间280余年，其间历经战火，多次兴废。江汉书院建成后不久即因战火被毁。清顺治年间，江汉书院得以重建。康熙末年，王心敬在江汉书院讲学，推动江汉书院迅速发展。雍正十一年（1733），江汉书院被定为省直书院，成为湖北省等级最高的书院。此后江汉书院繁荣发展，讲学不辍，虽太平天国运动时书院遭到毁坏，但很快又重建，之后再未遭遇大的灾厄，直至书院改制，退出历史舞台。

一、江汉书院历史概述

明万历四十四年（1616），葛寅亮任湖广提学副使。葛寅亮，字冰鉴，号屺瞻，浙江钱塘（今浙江省杭州市）人。葛寅亮认为武昌地处长江、汉水汇合之处，江、汉为楚国祭祀的河道，所谓“江、汉、沮、漳，楚之望也”，所以将武昌文昌门内创建的书院命名为“江汉书院”。葛寅亮作为管理地方文化教育事业的官员，在湖北境内不仅创建了江汉书院，还兴建了冽泉书院、碧霞书院，并在书院讲学，主要宣讲王阳明心学。葛寅亮关心地方文教事业，在湖北任职期间发掘、培养了很多优秀的人才，他还捐献俸禄，帮助王升、萧继忠等移建问津书院。后来，葛

葛寅亮像

寅亮得罪权贵，遭到弹劾，最终因丁忧离任。

明代末年，江汉书院被毁坏。清顺治年间，布政使黄志遴、张尔素、翟凤翥重修书院，将之迁至忠孝门内巡道岭（今湖北省武汉市粮道街东段），并新建了斋舍，购买了书籍。湖广巡抚林天擎负责选拔入院学习的学生，并为他们提供生活费。康熙四十九年（1710）后，湖北巡抚陈诜、张连登等相继修葺书院，并延请王心敬、张希良讲学其中。雍正三年（1725），湖北巡抚法敏、布政使郑任钥、粮道王承烈为江汉书院捐款，作为学生的生活费，并延请靖道谟为山长。

雍正十一年（1733），清廷发布诏令："……督抚驻扎之所，为省会之地，著该督抚商酌奉行，各赐帑金一千两。将来士子群聚读书，须预为筹画，资其膏火，以垂永久……"[①] 受此政令推动，各省总督、巡抚纷纷建立书院。同年，江汉书院被定为湖北最高级别的书院，朝廷拨

① 张廷玉：《清朝文献通考》卷十七，商务印书馆 1936 年版，第 576 页。

款一千两作为书院经费。此外，江汉书院又借藩库公项银三千两，积余息银一千两，书院将这些银子交给当地典商，以一分五厘生息，每月可得息银七十五两，后湖广总督德沛又捐银五千两，这为江汉书院提供了稳定的经费收入。江汉书院的招生规模此时也由嘉庆以前的 60 名增至 240 名，但实际上常超额招生。书院学生主攻今文、试帖诗，每月有官、师二课，官课由地方官员主持，自总督至武昌知府均可主持，师课则由书院山长主持。

著名学者夏力恕曾任江汉书院的山长，他于雍正十一年（1733）在书院内主持修建了十贤祠和德教祠。十贤祠祭祀周敦颐、程颢、程颐、张载、朱熹、张栻、陈良、公孙龙、任不齐、赵复等先贤，德教祠祭祀创建、修葺书院的官员和给书院捐款的人。书院内立有题名碑记，凡书院学生有科举中式的，皆镌名其上，以资鼓励。乾隆四年（1739），湖广总督德沛、湖北巡抚崔纪为江汉书院捐款，书院购买了土地，扩大了规模，并修建了楼房。

咸丰三年（1853），太平军占领武昌，江汉书院被毁。同治元年（1862），湖广总督官文和邑绅陈庆溥集资重建江汉书院，而后山长彭久余补葺。同治六年（1867），书院山长雷以諴呈请湖广总督李鸿章对江汉书院进行扩建，随后书院补修了斋舍，并修建了文昌阁、魁星楼。自此，每年书院山长的聘请、考课成绩的评定、学生生活费用的发放等皆由湖广总督或湖北巡抚负责。武昌知府等官员按顺序主持官课，江夏知县年终时主持官课一次。同治八年（1869），湖北学政张之洞到湖北各府主持考试，将各府优秀的学生选送至江汉书院学习。除给膏火银外，张之洞还捐购经史书籍置于书院中，以便学生们学习研究之用。光绪二十三年（1897），湖广总督张之洞根据新形势，对书院进行改制，除传统课程外，又增设天文、地理、算学、兵法等科目，新增

官文像

科目的教学工作多由经心书院分教习兼任。光绪二十八年（1902），江汉书院并入经心书院，后改为勤成学堂。

二、江汉书院的教学

作为教育机构，江汉书院的主要任务就是教学，这是培养学生、传承文化的主要方式，是文化积累和研究的基础。江汉书院的创建者葛寅亮精于理学，为理学名臣，主要学习和研究王阳明心学。由此可推断，江汉书院在初创之时，应主要讲授王阳明心学，这与明代湖北书院主要传播王阳明心学的概况相符合。清代康熙末年，王心敬主讲江汉书院，第一次把关学正式带到湖北，对湖北的学术文化和教育产生了重大影响，成为江汉书院史上乃至整个湖北书院史上大放异彩的一页。乾隆至道光年间，汉学和宋学在江汉书院传播。江汉书院有着包容、开放、自由的学风，这是难能可贵的。

（一）王心敬讲学江汉书院与关学在湖北的传播

关学是北宋时期理学中的一个重要学派，由北宋思想家张载创立，因张载是关中人，故称“关学”。北宋时，关学的发展达到鼎盛，与二程洛学、王安石新学并驾齐驱。[①]

关学的代表人物都是关中人，其传播区域基本上以关中为主。明代冯从吾第一次将关学南传到荆楚大地。冯从吾，字仲好，号少墟，西安府长安县（今陕西省西安市）人，明代著名思想家、教育家，是关学在明代的集大成者，在关学发展史上占有重要地位。冯从吾曾与黄冈（今

张载像

① 本节论述主要参考了柏俊才的《湖北书院研究》，湖北教育出版社2020年版，第224—229页。

湖北省武汉市新洲区）问津书院的师儒以书信的方式讨论学问。但遗憾的是，明代的问津书院是一所主要研究和传播王阳明心学的书院，冯从吾宣扬的关学与之扞格不入。再加上冯从吾一生未曾到湖北讲学，所以其宣扬的关学没能引起湖北当地学者的关注，在湖北没有产生多大影响。直到清代王心敬在武昌江汉书院讲学，关学才真正在湖北传播开来，产生了较大的影响。

王心敬，字尔缉，号丰川，人称“丰川先生”，陕西鄠县（今西安市鄠邑区）人，生于清顺治十三年（1656），卒于清乾隆三年（1738）。王心敬乾隆元年（1736）举孝廉方正，此时已 80 岁。王心敬追随明末清初关中大儒、关学的代表人物李颙二十六年，求学问道，得李颙真传。“心敬论学，以明、新、止至善为归，谨严不逮其师。注经好为异论，而《易说》为笃实。”[①]“‘全体大用，真体实工’是王心敬的理学主旨，借此构建全新的理学体系，消解理学门户之争。”[②]王心敬淡泊名利，无意科举，终生未仕，主要从事讲学、著述之业，虽得到高官显贵如大学士鄂尔泰、湖广总督额伦特以及年羹尧的赏识和荐举，但都推辞不就。王心敬的著作主要有《丰川诗说》《关学汇编》《丰川易说》等。

康熙四十九年（1710）十二月，王心敬受湖北巡抚陈诜之邀，与张希良到武昌江汉书院讲学。王心敬与诸生讲论“四书”，其子王功辑成《江汉书院讲义》一书。遗憾的是，《江汉书院讲义》一书已经失传，今天我们难以确知王心敬在江汉书院讲学的具体内容。但从如今保存的王心敬写给江汉书院学生的几封书信中，大略可知王心敬在江

① 赵尔巽等撰：《清史稿》卷四百八十《儒林一·王心敬》，中华书局 1977 年版，第 13110 页。
② 柏俊才：《湖北书院研究》，第 226 页。

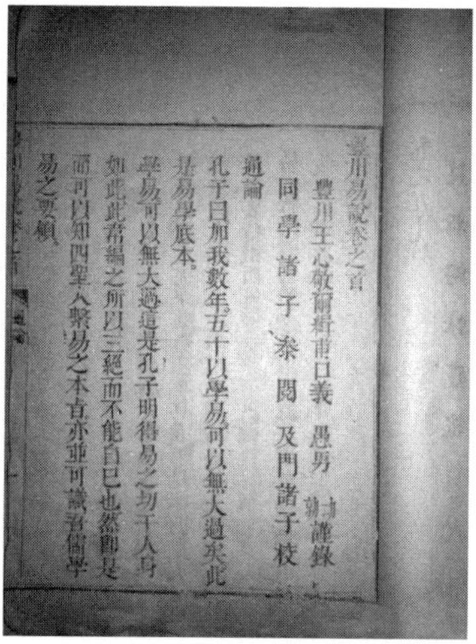

豐川易說卷之首

豐川王心敬爾緝甫口義　愚男　功　謹錄

同學諸子　參閱　及門諸子　校

通論

孔子曰加我數年五十以學易可以無大過矣此括易學底本。

學易可以無大過這是孔子明得易之切于人身如此此韋編之所以三絕而不能自已也然即是而可以知四聖人繫易之本旨亦並可識吾儒學易之要領。

王心敬《丰川易说》书影

汉书院讲学时的主要思想。在《答门人靖道谟庶常》中，他勉励靖道谟以天德、王道为宗，以孔子、孟子思想为准绳，树立经时济世之志，“所谓经济者，谓其足以经今时而济当世耳……今日一切馆课所学、所习，果足济国家，他日何用极其所至？果能玉成，得何等异才……有天德而后可言王道，倘知留心经济而不究自己心性源头，流弊且至，无事坐谈，徒成无根之浮论”[1]。在《又答门人靖道谟庶常》中，王心敬认为要破除门户之见，探究五经、四子中天德王道之精微，以恢复儒学之真面目，“五经关圣道寄托，而自汉迄今传世，注疏往往逐流迷源，几不复见本来真面，此圣道之久而未光。是以二千年来学术终于门户之习，而当世不收真儒之效耳。故惟得精心明经之士，乃可望于

① 王心敬：《答门人靖道谟庶常》，《丰川续集》卷二十一，上海古籍出版社 2010 年版，第 24—25 页。

学术之明……即于五经、四子中天德王道之精微，不免只以寻常训诂打发过去，又何能成己成物？”[①] 在《再答门人靖道谟庶常》一文中，王心敬认为：“吾儒之本路在孔门，即所谓大学之道也。学不如此，即非大学；儒不如此，即非大儒……孔孟天德王道一贯之学久湮，尚赖朱子之传续之……六经、四子俱在，濂、洛、关、闽之书俱在，试一取偶评纸尾之说，比而较之，虚实诚伪、是非得失，善学者自可一证而明也。”[②] 在《寄江汉书院门人靖诚合八子》中，王心敬勉励靖道谟等进德修业，认为今日之真儒者，方能成就他日之真循良、真名臣，他说：“今诚使诸君自斯以往，修实德、砥实业，即研练举业之中，下隐居求志之功，务令今日之坐而言者，他日皆实可作而行。在今日使人谓其不愧为真儒者、真科目，于他年即使人谓其不愧为真循良、真名臣，则即终身更不一见，而不啻时时晤对也。”[③] 在《寄门人靖诚合万尔受庶常》中，王心敬认为学问要有根底，“无论词林储公卿之选，为道德经济之薮泽，全体系于圣学术大用，兼文武经纬。蔼蔼吉士，宜尽通明，即以时事切近者言，保泰持盈，视乎今日，防患虑衅，无容后时”[④]。由上可见，王心敬在江汉书院讲学的主要思想是：破除门户之见，融会贯通，以《大学》为根基，探究五经、四子中的天德与王道思想，并运用到实践中，期望学生他日能成为真循良、真名臣。用一句话概括，就是“全体大用，真体实工”。

“（王心敬）登堂讲说，器宇温蔼，音吐洪畅，诸生云会，辩难互

① 王心敬：《又答门人靖道谟庶常》，《丰川续集》卷二十一，第26页。
② 王心敬：《再答门人靖道谟庶常》，《丰川续集》卷二十一，第27—28页。
③ 王心敬：《寄江汉书院门人靖诚合八子》，《丰川全集》卷十九，上海古籍出版社2010年版，第7—8页。
④ 王心敬：《寄门人靖诚合万尔受庶常》，《丰川续集》卷二十一，第29页。

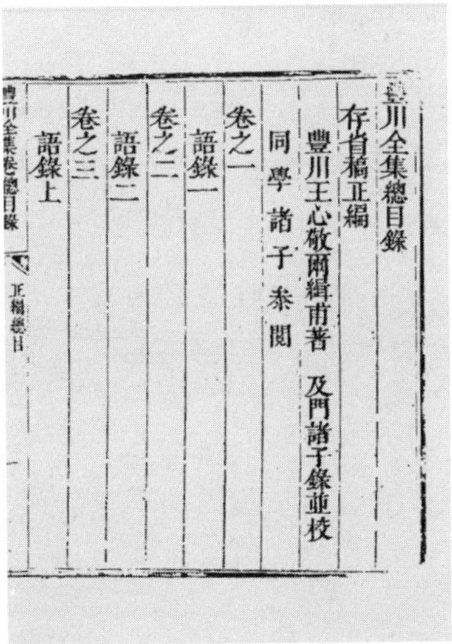
豐川全集總目錄
存省稿正編
豐川王心敬爾緝甫著 及門諸子錄並校
同學諸子叅閱
卷之一
語錄一
卷之二
語錄二
卷之三
語錄上

王心敬《丰川全集》书影

起，依方答酬，皆先儒所未发，人人厌服，今所传《江汉讲义》是也。谈者谓中丞好善，征君忘势，而江汉书院一堂讲授，何减鹿洞、鹅湖，洵本朝百年以来盛事也。”[①] 王心敬在江汉书院讲学，学生众多，师生之间争论辩难，阐发精义，营造了一种师生平等、相互辩论的良好学习氛围。

王心敬在武昌江汉书院讲学，促进了关学在湖北的传播，扩大了江汉书院的影响，推动了湖北学术文化的发展。柏俊才先生指出：“在湖北书院讲学中，尤以元代赵复、明代耿定向、清代王心敬的讲学影响最大，在全国学术界掀起不小的涟漪，使得湖北书院的学术思想与全国接轨。”[②]

---

① 刘青芝：《王征君先生心敬传》，台湾明文书局 1985 年版，第 342 页。
② 柏俊才：《湖北书院研究》，湖北教育出版社 2020 年版，第 215 页。

（二）官、师教学管窥

《同治汉川县志》记载，清代汉川县岁贡生秦笃辉，“肄业江汉书院，时独力捐梓《书院志略》。院师陈愚谷（按：“愚谷”为陈诗的号）曰：‘贫士为此，可谓有志兴学者矣。’”①《光绪黄州府志》又载，清代江汉书院山长陈诗，著有《四书类考》《江汉书院志略》等②。由此可知，清代时，江汉书院与汉川的紫阳书院、新洲的问津书院一样，是有书院志书的。这部《江汉书院志略》，包括序目一卷、附论一卷，由江汉书院山长陈诗编纂，江汉书院学生秦笃辉曾出资刊刻。遗憾的是，这部志书已经亡佚了，史志资料中也难以寻觅有关《江汉书院志略》内容的记载，这给今天研究江汉书院造成了很大困难。

需要说明的是，明清时期的地方官都考取过科举功名，具有较高的文化修养，大多关心地方文教事业，关注书院的发展，并且会定期到书院讲学、主持考课。他们虽不是书院的教师，但他们关心、支持书院的发展，并利用自身的影响力，带头支持书院的建设、修葺，为书院筹集经费，为书院的发展尽心尽力。他们在书院讲学，能够起到激励士子向学、弘扬文化、移风易俗的作用，对书院的教学有较大影响。下面就从散见于多种历史文献的材料中，管窥官员和其他学者在江汉书院讲学的情况。

江汉书院的创立者葛寅亮，于明万历四十四年（1616）任湖广提学副使。葛寅亮在政事、文章、理学方面均有成就，尤其精通理学，被称为理学名臣。他为官期间，喜建书院，常参与讲学活动，宣扬王阳明心学，前来向他问道求学者甚众。他还参与修建过王阳明祠堂，祭祀王阳

① 德廉、袁鸣珂等：《同治汉川县志》，江苏古籍出版社 2001 年版，第 349 页。

② 英启等：《光绪黄州府志》卷十九，江苏古籍出版社 2001 年版，第 55 页。

王阳明像

明。在具体的教学中，葛寅亮会根据各地文风的不同，采用不同的教学方法。“吴越文秀，而屺瞻劲之以骨；江右文衍，而屺瞻束之以法；楚文豪，而屺瞻泽之以雅；闽文博，而屺瞻精之以理。”[①] 这些方法取得了较好的教学效果，跟随葛寅亮学习的学生达千人之多。葛寅亮宣扬王阳明心学，为江汉书院奠定了学术发展的方向，为推动王阳明心学在武汉地区的发展作出了贡献，在江汉书院发展史上占有重要地位。

清康熙四十九年（1710），时任湖北巡抚的陈诜主持修复江汉书院，选取湖北优秀学子入江汉书院读书，夏力恕、靖道谟即在所选之列。陈诜亲自讲学其中，还延请王心敬、张希良讲学其中。

夏力恕是清代江汉书院的著名山长兼主讲。夏力恕，字观川，湖北

① 周之夔：《葛屺瞻公祖海滨化雨诗序》，《弃草文集》卷二，江苏广陵古籍刻印社1997年版，第32—33页。

孝感人，于康熙五十九年（1720）中湖北乡试解元，康熙六十年（1721）与兄夏力中同时中进士，并同时选为庶吉士，时人称他们兄弟为“二夏”。夏力恕后任翰林院编修。雍正元年（1723）任京闱同考官，雍正二年（1724）任山西正考官，曾参与《明史》的修纂，后辞官归乡。夏力恕回湖北后，受到湖广总督、湖北巡抚的聘请，参与修纂《湖广通志》。夏力恕辞官后，以研究学问、讲学为事业，“其论学务在穷理，随事体验，以求自得。故其为教也，平易和乐，不立异同，众人易从，而贤知者终身由之，无复流弊。主讲江汉书院，负笈至者岁数百人，循循皆由礼法。或问为学之指，第教之立志，而归于因文以见道。是时场屋之文浮丽，力恕谓制艺正则人心正，而学术有所从出。自为课艺，辑题解，引申推广而穷极其本，于是学者翕然知返，楚中文风大振，力恕功也”[①]。夏力恕论学务在穷理，讲究随事体验，于日常生活之中践行至德真理，以求自得于心。他在讲学的过程中，不标揭异见，不强分畛域，主张平心静气、修身养性，故而众人愿意向他求学问道。夏力恕主讲江汉书院期间，每年向他请教学问的人有数百人之多，这些人都谨守礼法。江汉书院有学生问夏力恕为学的目的、意义，他告诉学生要立志，努力读书，通过广泛的学习而得见大道。夏力恕眼见科举时文大多浮华而不切实用，他认为只有让读书人返于正途，才能正人心，学术才能发展起来。为此，夏力恕自己写了很多应试之文，收集了题解，并加以引申发挥，穷尽根本，于是使求学问道之士迷途知返，使楚中文风大振。夏力恕在江汉书院讲学时，力矫科举制艺之弊，推动湖北文风转向，显示了江汉书院的教育所产生的作用和意义。

夏力恕曾将乾隆四年（1739）至乾隆六年（1741）在江汉书院讲

① 朱希白修、沈用增纂：《光绪孝感县志》卷十五，江苏古籍出版社2001年版，第31页。

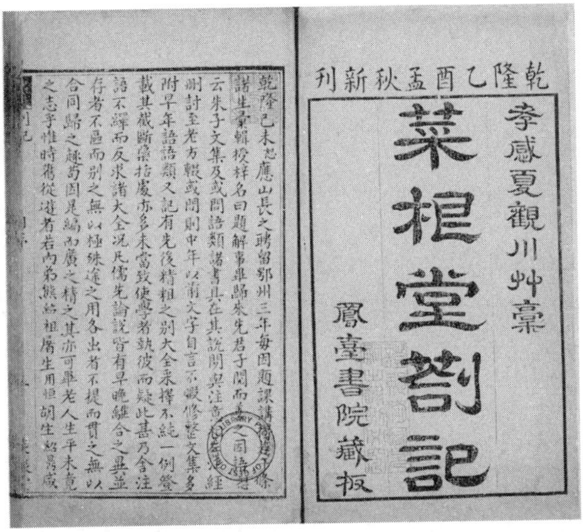

夏力恕著《菜根堂札记》书影

授四书时，专为科举制艺而撰写的文章汇集为《题解》一书，乾隆十一年（1746）后，又取程、朱之说，参校同异，编为《菜根堂札记》，直至乾隆十三年（1748）编成。从夏力恕耗心费时、历经十年编纂《菜根堂札记》的事迹来看，他对江汉书院的教学是极为重视的。

陈诗是清代乾隆、嘉庆年间江汉书院的山长和主讲。陈诗，字观民，号愚谷，蕲州（今湖北省黄冈市蕲春县）人，乾隆三十一年（1766）中湖北省乡试解元，乾隆四十三年（1778）中进士，授工部主事，后辞官回乡奉养老母。陈诗精力充沛，记忆力好，一生嗜书如命，勤学不倦，博览群书，学识渊博，著述宏富，涵盖经学、史学、文学、金石学、音韵学、历史地理学、方志学等多方面，展现了其多方面的学术造诣，从中也可以看出陈诗是宗汉学、尚考据的。陈诗深得清代大臣、著名学者毕沅和张映汉的赏识，被他们认为是“国士”“楚北大儒”。陈诗“主江汉书院，游其门者多楚中名士，声誉震一时，虽王公大人莫不存问”[①]。可见，陈诗主讲江汉书院，提高了江汉书院的声誉，扩大了江汉书院的影响。

袁铣是嘉庆、道光年间江汉书院的山长和主讲。袁铣，字金溪，湖北麻城人，嘉庆十六年（1811）进士，嘉庆十九年（1814）授翰林院编修，后历任江南道监察御史、云南道监察御史、礼科掌印给事中等职。袁铣遇事敢言，以天下为己任，终因敢于言事而去职。袁铣“为文必根柢经术，少受业于同里名宿鲍南溟先生，学以宋儒为归宿”。袁铣致仕回乡后，“疆吏雅重之，延主江汉书院。讲学以义理为宗，谭艺以先正为的，士风翕然一变，宏材硕彦多出其门，若喻懋泰、王家璧、彭久余之属皆有名于时，而陈尧松、梅见田、古韵等皆推楚中朴学，其他成名以去者尤众。尝撰联云：‘不勘破义利关，何须讲学；要识得忠孝字，才是读书。’时人传为名语，至今犹悬江汉书院讲堂中”[②]。与之前的江汉书院山长陈诗宗汉学、尚考据不同，袁铣主宋学、重义理。袁铣讲学江汉书院时，以义理为宗，谈科举制艺以先正为鹄的，要求学生勘破义利关，识得忠孝理，使楚中学风为之一变。袁铣在江汉书院培养了很多优秀学生，喻懋泰、王家璧、彭久余皆闻名于当时，陈尧松、梅见田等为楚中朴学的代表。可知主宋学、尚义理的袁铣在担任江汉书院山长和主讲时，并不限制学生学习和研究的方向，这显示了袁铣宽广的胸襟和学术视野。主汉学、尚考据的陈诗与主宋学、重义理的袁铣先后担任江汉书院的山长和主讲，使得清代两种主张不同的学派在江汉书院得以并存和发展，这显示了江汉书院开放、包容、自由的学风。

明清时期在江汉书院讲学的官员和学者，除了上述几位外，尚有多

---

① 英启等：《光绪黄州府志》卷十九，江苏古籍出版社 2001 年版，第 55 页。

② 余晋芳等：《民国麻城县志前编》卷九，江苏古籍出版社 2001 年版，第 38 页。

位。现将江汉书院主要讲学者列表如下：

江汉书院讲学者情况一览表

姓名	字、号	籍贯	身份	备注
葛寅亮	字冰鉴，号屺瞻	浙江钱塘	进士，湖广提学副使	江汉书院的创建者，宗王阳明心学
周家鼎	字峙铉，自号梅城	湖北江夏	举人	
陈诜	字叔大，号实斋	浙江海宁	举人、名宦	
王心敬	字尔缉，号丰川	陕西鄠县	理学家	关学传人
张希良	字石虹	湖北黄安	进士	
靖乃勷	字敬庵	湖北黄冈	诸生	
靖道谟	字诚合	湖北黄冈	进士	靖乃勷之子，曾为江汉书院学生，王心敬弟子
夏力恕	字观川	湖北孝感	进士	曾为江汉书院学生
钱灏	字博海，号若木	湖北黄梅	举人，武昌府学训导	
陈诗	字观民，号愚谷	湖北蕲州	进士	宗汉学、尚考据
袁铣	字金溪	湖北麻城	进士	主宋学、重义理
王道明	字熙载，号双崎	湖北黄冈	岁贡	
王汝骧	字耘渠	江苏金坛	贡生	
王廷鸿	字遥青，号远池	湖北孝感	进士	
陈中龙	字汉麓，号竹坞	湖北安陆	进士	
许之桢	字宁友	湖北汉阳	贡生	
万年茂	字少怀，号南泉	湖北黄冈	进士、名宦	

续表

姓名	字、号	籍贯	身份	备注
万承宗	字梓岩	湖北黄冈	进士、名宦	万年茂之子
侯执信	字方来	湖北公安	举人	
陆建瀛	字立夫	湖北沔阳	进士、名宦	
彭久余	号味之	湖北江夏	进士、名宦	曾为江汉书院学生，袁铣弟子
黄云鹄	字祥人	湖北蕲州	进士、名宦	
雷以諴	字省之，号春霆	湖北咸宁	进士	
陈子楷	字端人	湖北应城	进士	
魏璧文	字子谷，号兰田	湖北应山	进士、名宦	文学家
帅承治	字士安，号康衢	湖北黄梅	廪贡生，兴国州训导	
余士秀	字渠石	湖北黄梅	岁贡，武昌府学训导	
吴元俊	字千人，号鹿泉	湖北江夏	副贡	
周恒祺	字子维、福陔，号福皆	湖北黄陂	进士、名宦	
张裕钊	字廉卿，号濂亭	湖北武昌	举人	古文大家、著名书法家
周树模	字少朴，号沈观	湖北天门	进士、名宦	曾为经心书院学生，丁忧期间讲学江汉书院

在这31位讲学江汉书院的人物中，有书院的创建者、主持者，有在任官员，更多的是致仕官员。其中有进士功名的有18人，占总数的58%；具有举人功名的有5人，占总数的16%。有进士、举人功名的共有23人，占总数的74%。余下的8人，靖乃勷为诸生，王心敬是著名

张裕钊像

关学学者，其余 6 人俱为贡生。显然，江汉书院作为省直书院，对书院山长和教师有较高的要求。

在这 31 人中，有一些人原来是江汉书院的学生，他们学问有成，获得了举人、进士等功名，经过一番官场历练后，具备了担任书院山长并讲学其中的资格，例如靖道谟、夏力恕、彭久余等。

钱灏、余士秀在江汉书院讲学时，同时为武昌府学训导，帅承治为兴国州训导，他们当时都是地方的学官，由官府遴选，兼任江汉书院监院。

在这些讲学者中，有两对父子，他们是靖乃勷、靖道谟父子和万年茂、万承宗父子。这两对父子都曾担任过江汉书院山长，成为江汉书院史上的佳话。这 4 人中，除靖乃勷为诸生外，其余 3 人俱为进士出身。

更有意思的是，万年茂担任江汉书院山长时，万承宗出生。万承宗致仕后亦担任江汉书院山长，此时距其父万年茂担任江汉书院山长已过了60余年，祭酒蒋祥墀称：“乡贤衍派，阅二百年而不隔渊源；家学传衣，历六十载而仍主江汉。”① 万年茂、万承宗父子间隔六十年，均担任过江汉书院山长，教学育人，一时传为美谈。

① 英启、刘恭冕等：《光绪黄冈县志》，江苏古籍出版社2001年版，第342页。

第四章
经心书院

张之洞任湖北学政时，于同治八年（1869）创办经心书院，院址在武昌三道街学署旁，第二年迁到火星堂文昌宫旁（今湖北省武昌实验小学后面）。书院曾多次扩建，光绪十七年（1891）经心书院被迁回学署右舍，更名为经心精舍，规制依旧。李鸿章为书院定名为“经心

经心书院旧址

书院”，取“以治心者治经而经正、以治经者治心而心正”之义。书院宿舍分经、义、治、事四斋，课程有经解、史论、诗赋、杂著等。光绪二十四年（1898），张之洞令书院仿照新式学校办学，开设外文、天文、舆地、兵法、算学等课程，令学生分年轮习。另设经史一门，讲授“四书”义理及中国历史。1902年，清廷下令将书院改为学堂，经心书院改为勤成学堂。1907年，再次改名为存古学堂，4年后停办。

书院最初在张之洞经世致用思想的指导下，以教授经史为主，重视实学，不以科举为主要目标。甲午战争后，张之洞的思想巨变，经心书院的办学宗旨也发生了变化。张之洞在山西与传教士李提摩太相交，对西学有所了解，认识到传统的经史之学不能挽救国家于危亡，欲使国富民强，必须学习西方的科学技术。张之洞提倡“中学为体，西学为用”，经心书院也开始严立学规，改定课程，“惟以造真才济时用为要归”，明定中西兼重的教学内容，以培养“济时”的学生为目的，成为了清末同光时期书院改革的代表。

一、经心书院的创建

经心书院创建于同治八年（1869）。同治六年（1867）时，张之洞出任湖北学政，看到湖北因刚刚经历太平天国之乱，学校被毁，书籍散落，于是兴建经心书院以容纳士人，作育人材。1869年科考后，张之洞将各府刚考上秀才的读书人送到江汉书院读书，同时筹集资金，为江汉书院购置经史书籍。但江汉书院院舍太过老旧，场地也很窄小，不能容纳更多学生，张之洞就向当时的湖广总督兼湖北巡抚李鸿章申请，希望官府能拨款新建一所书院。李鸿章同意拨款修建书院，命湖北布政使何璟去筹资和选择地块，同时指示张之洞按照苏州经古书院的章程办学。

李鸿章

张之洞创建经心书院的最初目的，是为国家培养人才、昌明经学。书院采取宋儒胡安定的苏湖教学法教学，希望学生专心研究经史，讲求实学，成为国家有用之人才。经心书院的创建和发展，主要靠当时湖北地方官员的个人捐款，随后规模逐渐扩大，规制日益完备。其中，张之洞对书院资助极大，他个人曾为书院捐银一万两。同治九年（1870）张之洞卸任学政后，继任官员继续扩建书院。同治十二年（1873），湖北学政洪钧捐廉为书院增添斋舍。光绪十七年（1891），学政赵尚辅捐廉将书院迁回三道街原址。到后来，书院有学生宿舍 4 栋，每栋 20 间，共 80 间。院后山上设天文台，设备日趋完备。书院有图书室，藏书多由地方官员私人捐款购成，日渐丰富。

二、经心书院的教学活动

（一）学生管理

经心书院规定学生名额为80个，学生从每年考取的秀才中挑选，需经过严格选拔，经各地府州官员推荐。经心书院的学生待遇比较好，学生到书院学习，每人都有单人宿舍，学生不但不用交房租，书院每月还给他们每人三两银子作为生活费。此外，书院统一按季节发服装和鞋子，并分发参加祭奠等重大活动的礼服。学习用品如笔、墨、纸、砚等，书院按照学生需要发给。学生在书院可以衣食无忧，潜心读书。

书院对学生严格管理，甲午战争前，书院每月朔望各考课一次，分教评阅试卷，再送监督复核，由监督定成绩优劣等次，按等次颁发奖金。书院改制后，每月每科举行月考一次，月考时，监督、提调到场监试。考课改为记分法，以6分为满分，3分为及格。学生月平均成绩在5分以上者为超等，4分以上为优等，3分以上为平等，都由监督复核并判定等级。学生还有操行成绩，由监督考查后送交监院，也判定超、优、平等不同等级。每月考试后评定学生等级，按此给予学生不同金额的奖励，类似于现在的奖学金。当时，优秀学生如果每月能够拿到较高等级的奖学金，可以赡养家人。书院对学生在院学习的时间没有限制，有如此优厚的待遇，学生一般不会轻易离开书院，除非找到更好的出路。

杨湖樵曾是经心书院的学生，他在《经心书院述略》这篇回忆文章中对经心书院的描绘颇为详细，杨湖樵在谈及书院时说："经心书院规定学生名额为八十名，均由学政分年从考取秀才或廪增生中挑选来。学生到书院后，除每人分住斋舍一间外，按月给予膏火费库平银三两，折合银元四元五角（库平银六钱六分合银元一元），作每月伙食和杂用费（当时伙食费每月约三元，其余一元五角作杂用）。至若服履方面，日常所穿换衣和皮靴，按季换发，并发蓝布长袍、青布马褂一件作为礼服。学习用品如笔墨抄本更不待说，是由书院按需要发给的。”①

（二）师资和日常管理

经心书院最初开办时，书院的主持者被称为“山长”。1890年张之洞创建的两湖书院称山长为监督，因此经心书院在改制后也将山长改为监督，改副山长为提调，负责管理学生及院内一切事务。另设监院3人，负责指导学生守规则、讲卫生和处理学生请假及旷课等事宜。张之洞给书院聘请的首位山长是著名的经学家刘恭冕，刘恭冕是清代著名经学家刘宝楠的儿子，曾在曾国藩主持的金陵书局工作过，张之洞请他任山长，可见经心书院的治学方向是侧重于实学的，故而书院开办之初就定下了四科：经解、史论、诗赋和杂著。曾在书院任山长的还有李寿榕、谭献等。

经心书院第一任监督是吴兆泰，湖北麻城人，光绪二年（1876）进士，后来在朝廷担任编修，考授御史。吴兆泰后因弹劾慈禧太后挪用海军经费修建颐和园被免职。张之洞欣赏其才华，聘请他为书院监督，派黄绍箕等人充任提调，吕承源、杜承预、范著臣3人为监院。吴兆泰与张之洞在书院教学目标与教学内容的近代化改革方面所见略同，主张在不影响传统教学的大前提之下，有选择地引进西方文化。在湖北经心书院担任过监督的，除吴兆泰外，还有纪相聪、刘鸿烈等人。经心书院聘请的教师都是学有所长的大学者，由张之洞出重金从江苏、广东、湖南等地请来。书院改制后，曾聘叶青、姚炳奎、蒋克武、曹汝川等分别担

① 杨湖樵：《经心书院述略》，《文史资料选辑》第九十九辑，文史资料出版社1984年版，第99—100页。

任天文、舆地、兵法、算学分教。

（三）教学内容的变革

为适应新形势的变化，经心书院建立时，就改变了传统书院以八股制艺为主的教学，而以研究经史为主，后期则逐渐中西文化并重。甲午战争后，张之洞更加感受到国势的衰落，于是极力倡导中西学并用，提倡“中学为体，西学为用”，在书院开设实用型的课程。光绪二十三年（1897），经心书院将原设的经解、史论、诗赋、杂著等科，一律改让学生课外研读，另外设置四科，即外政、天文、格致、制造，延聘专门人才教授，并规定学生无论学习何门科目，都必须学习算学。学生20人一个班，每科分年轮学。不到两年，张之洞认为经心书院所设学科仍不符合当前的发展需要，于是将课程改为天文、舆地、兵法、算学四科，后又加图画、体操等课。改制后，书院的上课方式由个人自由学习改为班级授课，学生每天按时到教室听课。教师督查严格，科目又多，学生倍感压力增大。当时各科没有采用统一的教科书，而是由各科教师自编教材，油印给学生，并规定参考书目。

（四）教学方法的嬗变

张之洞任湖北学政时发现湖北学子多注重“空疏之时文”而少有研究实学的，而他想要培养的是“羽翼圣道，匡济时艰”的人才，因此他在书院建立初期开设经解、史论、诗赋、杂著这四科，使学生致力于经史的研究。书院的学生可以任意选四科中的一至两科学习。各科设分教一人，分教都是在学术上极负盛名的学者。教学方式是分教依所教科目分期将阅读书目和学习要点交给学生研读，学生若有疑难问题可以随时请教，书院基本上仍沿用传统的教学方式，以学生自学为主。甲午战争后，书院的教学方式也相应改变，由个人自学为主改为班级教学为主，规定学生每天上午三节课，下午两节课，每节课五十分钟。

经心书院旧址

改制后，书院的教学更注重理论和实践相结合。在理论知识基础上，强调学生的实际应用和动手能力。舆地、测绘等课鼓励学生进行实地勘测，结合讲义进行实验观测，练习测绘技能，对学生的考核也十分严格。兵法课的教师是湖北武备学堂的老教官，时常带学生到野外练习。为了使学生更好地学好各门功课，提高实践操作能力，书院在后山上还设有天文台，并购置了仪器用来观测天象。另建有图书室，购置各种新的科学书籍供师生借阅。事实上经心书院已逐渐转变为新式学堂了。

（五）新旧结合的礼仪

经心书院的礼制与古代书院的礼制不同，但又有旧书院的影子，可谓新旧礼制结合。经心书院平时的祭祀活动比较简单，但开学典礼十分隆重。据杨湖樵回忆："选定开学日期前，由书院监督汇报总督等，请其届时莅院赐训。总督如期前来时，抚、藩、臬、道台及武昌府县知事们都前来侍候（不论学院函请与否）。一俟开学，总督们齐集，就由书院执事人等把礼堂圣位前香烛燃好，监督、提调等陪同各长官进入礼堂，分列站在礼堂的前列。学生进入礼堂，列队站在指定地位。立毕，全体向孔圣行跪揖礼；然后，学生向各位长官、师长行跪揖礼，长官与师长互相行三鞠躬礼；学生互相行一鞠躬礼。礼毕，总督训话；再监督训讲；最后退场结束。”书院开学礼仪十分隆重，省、府、县各级官员都会到场，神情庄严肃穆，表示尊师重道。同时经心书院仍然保留着旧式书院朔日祭祀的活动，但礼仪简单多了。这说明，经心书院一方面改变了旧式书院的传统礼制，但又有所保留，带有鲜明的过渡时期的色彩。

经心书院是张之洞在湖北创建的第一所书院，是他实现其教育理想的起点。经心书院在教学内容、教学方法、教学管理以及祭祀活动等方面所进行的改革，反映了湖北教育走向近代化时的状况，勾勒出了传统书院向近代化过渡的大致途径。经心书院在传统的经史之学中逐渐加入西学，正体现了张之洞“中学为体，西学为用”的教育思想，也表明经心书院一定程度上既继承了旧式书院的传统，也吸纳了西式学堂的特点。

三、经心书院的学生及社会影响

经心书院在中国教育史上有着独特的地位，培养了一大批在中国近代史上有影响力的人物，如李书城、耿伯钊、李廉方、谈锡恩等，对武汉市乃至中国的近代化进程都产生了重要的影响。经心书院的学生都是由各地负责教育的官员从各地挑选出的，在历史风云变幻之际，学生们珍惜来之不易的学习机会，孜孜不倦地为中国崛起和中华民族复

耿伯钊

谈锡恩

兴而读书，最终成为国之栋梁。

为了实现富国强兵的梦想，张之洞感到只通过湖北江汉、经心、两湖等几个书院来培养人才是不够的。从光绪二十四年（1898）开始，张之洞挑选书院的学生出国深造，经心书院的一批学生被派往日本学陆军，后两湖书院、经心书院的部分学生又被派往日本学实业和政治，如权量学交通，屈德泽学农业，杨雨廷、叶开琼学法律、政治，欧阳葆贞学会计。书院改为新式学堂后，又有学生被派往日本学习，从原经心书院被选出的学生有张继煦、李廉方、阮毓崧等。另外被派到欧美、日本出国留学的学生还很多，如李书城、耿观文赴日本学陆军，史青赴比利时学铁路，魏宸祖赴比利时学政治，贺诚甫赴德国学数学，陶德琨赴美国学政治经济等，他们都在国外勤奋学习，学成回国后为国家作出了不同的贡献。政府不仅为留学生提供出国留学所需的资金，还给他们一定数量的安家费，让他们能够没有后顾之忧，安心读书。

张之洞

经心书院爱惜人才，在贺人驹、陈作辅、傅廷浩、范昌棣4名高才生病故后，张之洞曾作《四生哀》哭悼4名学生，足见其爱惜学生、重视人才。

张之洞从1902年开始将书院改办为学堂，并将学堂普及到湖北各府、县，建立各级中小学及专科学校，这些学堂的校长、教师绝大多数是江汉、经心、两湖三所书院的毕业生。这些新式学堂办学成绩优异，其他各省前来学堂参观学习的人不少。1905年，张之洞在省会开办支郡师范学堂，分甲、乙、丙、丁、戊、己六堂，每堂一百人，为各州县培养教师，学生名单由各州县申报。那时六堂的堂长都是从经心书院被派出国外学习师范的学生，如李廉方、阮毓崧、屈佩兰等。另外，新式学堂常常从两湖、经心等书院选用优等生作为管理的中坚力量，如王式玉、沈明豫、纪鸿曾为支郡师范学堂学监；张继煦曾为全省学务处普通科科长，后又调任两湖总师范学堂教师；邱岩为汉黄德道师范学堂堂长。当时湖北省普通中学的国文、历史、读经等课程的老师，大多为经心书院的毕业生。另外在湖北测绘学堂、女子师范学堂、女子中学、甲种工业学堂、汉阳府中学后堂教算学、舆地、体操等课程的经心书院毕业生就更多了。这些人在经心书院受到了良好的教育，在各学科的教学中竭尽所学，颇有威望，获得了学生的赞誉，可以说经心书院的毕业生对湖北教育的近代化起到了不可替代的作用。

辛亥革命以后，经心书院的学生在湖北各学校中任教，各校以争聘他们到校为荣。在辛亥革命之后二十多年的时间里，经心书院的毕业生在湖北教育界都具有相当大的影响力。

（一）经心书院对辛亥革命的贡献

参加过辛亥革命的经心书院的学生不少。1903 年吴禄贞在武昌花园山孙森茂花园成立革命秘密机关，其中三个负责人李廉方、万声扬、耿观文都是经心书院的学生，他们不时聚集在一起听吴禄贞宣传革命思想。参加革命的经心书院学生还有李书城、张继煦、王式玉、范鸿泰、屈德泽等，他们于寓所中联络进步师生，秘密集会，讨论革命方略，其目的“一面在于开通士子之知识，一面在于更换新军之脑筋”，对革命早期的宣传影响很大。到辛亥首义时，冯开浚任湖北军政府内务部部长，杨雨廷任湖北军政府外交部副部长，王式玉、万声扬、阮毓崧等也都在湖北军政府中担任要职。戴庆芳原是普通中学的舆地教师，起义时被黎元洪亲自选任为秘书，黎元洪通电各省的文稿多出自戴庆芳的手，他为军政府经营策划，功勋卓著。孔庚在山西响应武昌首义，与阎锡山商讨在山西举起义旗。第六镇统制吴禄贞率兵抵达石家庄，正谋划反清时被袁世凯派人刺杀，经心书院学生周维桢是吴禄贞的副官，

吴禄贞

只身救吴英勇献身。可以说，经心书院为辛亥革命作出了巨大的贡献。

（二）李书城与中国共产党早期的活动

李书城，湖北潜江人，自幼跟随父亲读书，16岁考中秀才，1899年入县城学校就读，因聪明好学被省学政王同愈发现，被举荐到经心书院就读。在经心书院学习的过程中，李书城与著名反清将领吴禄贞成为挚友。1902年5月，湖广总督张之洞选派李书城到日本东京弘文学院速成师范科学习。李书城的同班同学有湖南的黄兴、浙江的周树人（鲁迅）等。同年，李书城在黄兴的影响之下结识了民主革命先驱孙中山，对其反清的革命主张十分赞同，并与其一同从事反清、反帝、爱国的宣传工作。李书城是同盟会最早的会员之一，辛亥首义时，在武汉当过黄兴的参谋长，做过孙中山的军事秘书，在旧民主主义革命斗争中起过重要的作用。在新民主主义革命事业中，李书城也做了许多工作。新中国成立后，他被任命为新中国第一任农业部部长，为恢复和发展我国农

李书城

业生产、改善国民经济作出了重要贡献。虽身在北京，李书城仍心系故乡，关注着故乡的建设和发展，尤其关心故乡的教育事业。1965 年 8 月 26 日，李书城在北京因病去世。

李书城的弟弟李汉俊是中共早期组织的主要领导人之一。李汉俊生于 1890 年，12 岁时在爱国将领吴禄贞的资助下前往日本求学，曾先后进入东京经纬学堂和晓星中学。升入高等学校后，李汉俊成为清政府的官费留学生，后考入东京帝国大学工科。在日本，他结识了著名的马克思主义经济学家河上肇，并受其影响开始研究马克思主义，确立了马克思主义的世界观。李汉俊学成回国后，认为要改变中国首先得革命，而要革命就得组织一个政党，于是全身心投入筹建中国共产党的活动中。李书城全力支持李汉俊的革命活动，并以举家之财力支持早期中共组织的活动。为开展马克思主义宣传和支持中共早期组织的活动，李汉俊将自己作为教授的全部收入拿了出来，他和子女的生活费用则由李书城供

李汉俊

给。为节省开支，李书城把家从上海三益里 17 号的大房子换成望志路 106 号的住宅（今兴业路 67 号，即现在的中共第一次全国代表大会会址），家中陈设也极其简单，仅有几件必备的桌、椅、床。

中共建党之初亟需一个稳定的活动场所以推进革命运动，李书城毫不犹豫地将自己的寓所作为中共早期组织的活动中心，使党的活动方便展开。李汉俊正是在这个活动中心向国内传播马克思主义和十月革命的信息，并在此展开对基尔特社会主义思潮的批判。1920 年 2 月，李汉俊参与《星期评论》的编辑，这份刊物是宣传马克思主义以及与海外共产主义者联系的窗口，李汉俊在上面发表文章与译文共 38 篇，而这些工作都是在李公馆进行的。李书城是与中国共产党人长期合作共事的朋友，可以毫不夸张地说，李书城在上海的家是中国共产党的“产床”，李书城以自己的政治声望，掩护了中共早期的革命活动。

自 1919 年至 1921 年，李汉俊在《新青年》《星期评论》《觉悟》《妇女评论》《建设》《劳动界》《共产党》《小说月报》等报刊上发表了九十

中共一大会址

1920年李汉俊（后排左二）、李书城（后排左三）在上海与家人的合影

余篇译文和文章。陈望道翻译的第一本《共产党宣言》全译本，曾经过陈独秀、李汉俊两人校对。李达翻译《唯物史观》时，也得到过李汉俊的热情帮助。

陈望道译《共产党宣言》的封面

第五章
两湖书院

两湖书院是张之洞于光绪十六年（1890）在武昌创建的，初建于营坊口左、老天符庙、都司湖畔一带。书院有斋舍240栋，规模较大，另建有两书库分贮书籍，中有楚学祠以祭祀湖南、湖北两省先贤。书院住院生名额为两省各100个，分由两省学政调取“或才识出群，或多闻博览，或志行不苟，或好学深思”的学生。另外，因建院筹措资金时得到商界支持，故另录取商籍子弟40名，由书院甄别考核。住院学生每月可获得膏火银4两，每月考试一次，前列者均有奖赏。两湖书院为满足广大学子读书的需要，还招收一部分附课生。两湖书院最初在经世致用思想指导下，教学内容主要有经学、史学、理学、算学、经济学5门。后在“中学为体，西学为用”思想影响下，课程改为经学、史学、地理、数学、博物、化学及兵操等科。两湖书院的教学人员有“主讲”“助教”之分，多为当时的名流，如地理学家杨守敬、数学家兼翻译家华蘅芳、书法家沈曾植等。在两湖书院，有一大批“中学素有根柢、人品向来纯正、深知宗法圣贤兼以博览典籍”之人涌现，如唐才常、黄兴等，皆学成于此。两湖书院是当时湖北地区最有影响力的书院，在全国书院改制中也享有较高的声誉，与广雅书院并称“晚清全国两大书院”。

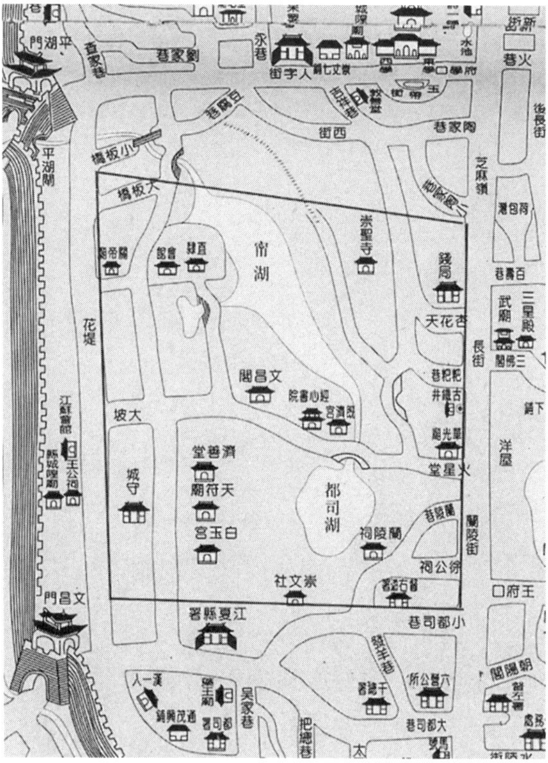

两湖书院旧址位置图

1903年，两湖书院改为两湖文高等学堂，亦称两湖大学堂。1904年，改为两湖师范学堂。之后，张之洞又拨款四万三千两，将两湖师范学堂改为两湖总师范学堂，分设仁、义、礼、智、信五斋，附设初等、高等小学堂各一，作为两湖总师范学堂学生实习之所。两湖总师范学堂的规模较大，计划招生1200名，实招700多名。不久，提学使黄绍箕在智、信两斋添设理化专科，学政高凌蔚在礼斋内添设博物专科。我国著名地质学家李四光、著名学者闻一多都曾就读于两湖总师范学堂附属高等小学堂。

赴日留学时的李四光

闻一多

1926年，被誉为“第二黄埔军校”的武汉中央军事政治学校建立在两湖书院的旧址上，该校作为培养北伐军军事、政治人才的学校，是黄埔军校的继续，也是武汉国民政府时期一个重要的军事、政治部门。恽代英、徐向前、李达、沈雁冰、李汉俊、张秋人、陈启修、章伯钧、樊仲云等都曾在此校担任过教官。这所军校是第一次国共合作的产物，存在时间不长，却培养了一批坚定的革命人才，罗瑞卿、许光达、程子华、陈伯钧、钱瑛、赵一曼、王亦侠、宋绮云、彭镜秋、臧克家等，都曾经过这个革命熔炉的锻炼，走上了革命征途，成为中国革命的一代人杰。武汉中央军事政治学校的旧址现建有湖北省武昌实验小学等。

时光荏苒，如今两湖书院旧址已变身为图书馆、校史馆、武汉中央军事政治学校历史陈列馆等，在武昌实验小学校园里，朗朗的读书声环绕着这几栋老房子，延续着百余年的文脉。

一、两湖书院的创办

张之洞一生热衷于教育，在教育改革方面成就突出。光绪十年（1884），张之洞任两广总督，随后在广州创立广雅书院，除开设经史、诗赋等课程外，还设经济一科，希望能培养经邦济世的人才。

同治年间张之洞任湖北学政时，曾商请湖广总督李鸿章、湖北巡抚郭柏荫筹款修建了经心书院，因为经费有限，经心书院的规模较小，斋舍不多，无法容纳很多学生。加上位处湖畔，地势低洼，积水难清，容易堆积淤泥。光绪十三年（1887）、光绪十五年（1889）湖北地区雨水多，武昌城内许多地方被淹浸，经心书院院内水深三尺有余，院内学生只得

张之洞在写字

武汉中央军事政治学校大门（两湖书院旧址）

迁移到其他地方。光绪十五年（1889）张之洞调任湖广总督，抵鄂后曾到经心书院视察。他看到经心书院积水刚退，墙壁未干，墙垣因经常受雨水浸泡而倒塌，学生无法在书院安心学习。此外，经心书院斋舍很少，膏火也较为单薄，学生境况十分凄惨。自经心书院创办以来，近二十年时间里，湖北掀起了好古之风，这使书院学生埋头于八股文，追求功名而不重实学，书院的教学内容、课程设置均无法再满足社会的需要。

张之洞了解情况后，准备新建书院，增加学生名额和膏火，这一想法立即得到“省内、省外耆绅儒士异口同声”的支持。因在湖北游幕求学的湖南人向来比较多，因此，新建书院也是两湖地区学生共同的心声。张之洞于是借鉴自己任两广总督时创办广雅书院的经验，创办两湖学院，招收湖南湖北两地学生。

两湖书院的创办可以说是张之洞改革传统书院的继续，是其经世致用思想的进一步体现，“设立书院之意，本为储材致用。”陈宝琛为张之洞撰写的墓志铭说：“公典试提学浙江、湖北、四川，迄任疆帅，所至创立书院，以通经学古，提倡士风，谓求才必由学，于鄂于蜀，有经

两湖书院老照片

心、尊经，于晋有令德堂，于粤有广雅，比督楚，复创两湖书院。”张之洞自己曾说：“为新建两湖书院，调取诸生，甄别留院肄业事。为照维持世道，首赖人材，人材之成，必由学术。即论地方官化民成俗之道，亦必以教士为先。故书院之设，所以作养贤才，贵得明体达用之士，以备国家任使，庶可以羽翼圣道，匡济时艰。然必须有群萃州处之区，始克收师友讲习之益。”张之洞之所以在湖北设立两湖书院，是因为湖南书院较多，而湖北江汉书院、经心书院由于经费和斋舍问题，不足够容纳省内外求学的学生。“查两湖地方，人才素盛，名贤辈出，惟湖北江汉书院暨本部堂前在学政任内创建经心书院，皆因经费未裕，斋舍无多。湖南省城书院颇多，然省外远郡士子，亦尚未能遍及。本部堂现于湖北省城创建两湖书院，筹集经费，就都士湖地方，环置斋舍二百间，调取两湖诸生各一百名，入院肄业。另置斋舍四十间，附调商籍诸生四十名肄业。”

在两湖书院筹建过程中，张之洞选取了一批有能力的人任工程委员，由工程委员专门负责书院的修建。工程委员有候补知府史悠庆、候补知县陈延益、候补县丞吴元彬、原四川候补道彭汝琮等，张之洞选派他们亲临工地指挥修建工作。候补知府史悠庆、通判职衔陈其煃对工程建设颇为熟悉，一切工程，史、陈二人会同各委员和绅士核实，按图勘估，向张之洞申报，张之洞亲自复核。张之洞对负责工程的委员要求很严格，要求他们保证购置的材料如砖瓦、木石等的质量，数量也要核实到位，不能浪费，也不能偷工减料，使工程保质保量地迅速完成，不能有任何懈怠。“议定就经心书院扩充展拓，前经先后遴派候补知县陈延益等勘估监修在案。所有填地、建造一切工程，亟应乘此秋日晴燥，按照核定图式，赶紧鸠工集料，克期兴作。”在筹集资金方面，张之洞主要利用社会力量。两湖书院的修建得到了许多绅商的捐助，“汉口绅商、候选道蔡元吉捐银二万两，分发试用道万航捐银六千两，汉口江工捐款提存三万串，汉镇土药捐缴善后经费项下提拨数千串”。书院历时半年多建成，1891 年春开始正式招收学生。

两湖书院占地面积颇大，拥有平湖门至文昌门之间的一大片土地。院内建筑坐北朝南，别致宏伟，布局考究。书院环都司湖、宁湖建斋舍，南部是南斋，住湖南籍学生，斋名以地支前十字为名序，每斋 10

两湖书院建筑的纹饰

两湖书院北斋旧影

两湖书院西斋旧址（今武汉音乐学院内）

两湖书院大讲堂

栋；北部为北斋，住湖北籍学生，斋名以天干十字为名序，每斋 10 栋；东面为东斋，西面为西斋，住商籍学生，东西两斋分别以戌、亥为名序，每斋 20 栋。书院斋舍共 240 栋，每栋房子分前后两间，前为书房，后为寝室，住 1 名学生。室内床铺、桌椅、书柜等设备一应俱全。

两湖书院内建有监督厅、分教厅、正学堂、楚学祠等建筑。监督厅为监督办公室，分教厅为教师办公室。正学堂为礼堂，同时也供讲学用，堂前匾额上“正学堂”三字为张之洞手书。两湖书院还设有南北书库，库藏图书 4 万余卷。张之洞建书院的时候，十分注重周围的环境和院内的景观的营造，成都的尊经书院、广州的广雅书院都以环境优美而闻名，两湖书院亦不例外，当时有人称赞两湖书院“前后有两湖（都司湖、菱湖），风廊月榭，荷红藻绿，雅擅一城”，宽敞雅静之境，有助于陶冶读书人的情操，能够让读书人潜心读书。

二、两湖书院的管理制度

两湖书院学生都是经过严格甄选，从湖北、湖南两省选调而来。书院根据各地文风、教育状况，给每府、州、县分派一定的名额，学生名额分布如下：

湖北省100名。其中武昌府16名、汉阳府12名、黄州府19名、安陆府10名、德安府8名、荆州府10名、荆州驻防旗学1名、襄阳府6名、郧阳府5名、宜昌府5名、施南府5名、荆门州3名。

湖南省100名。其中长沙府25名、衡州府14名、岳州府10名、宝庆府10名，常德府7名、永州府7名、辰州府5名、沅州府5名、永顺府4名、澧州4名、郴州3名、桂阳州3名、靖州3名。

两湖书院筹创时两湖商人曾资助经费，故另外特招两湖商籍子弟40名。

两湖书院对学生的年龄要求较为宽松，虽规定25岁以下的秀才才有入学资格，但实际上两湖书院的学生年长的有四五十岁，年幼的才十五六岁，甚至出现父子同窗的现象，如陈英才曾与父亲同窗，另外，易翰鼎与其女婿也曾一同在书院读书。

选调的学生需经过各府、州、县考查，主要详考其“才学、学业”，再送到省城。选调学生齐集武昌后，统一进行面试，决定是否被取录，一经录取书院报销其路费。如果学生被查出缺乏真才实学，书院马上将其退回。不经府、州、县选送而自行投考的学生，如果书院查实其确有真才实学，有候补名额可以让其替补。后来，前来投考两湖书院的学生很多，大量学生经历长途跋涉，最终又没有被选中，造成人力、物力的极大浪费，因此书院只得明文限定各府、州、县投考学生的数量，并要求不要随意让学生前来报考。商籍学生不受籍贯限制，报考人数也较多，有学生冒充商籍参加考试的情况，因此张之洞要求相关官员不要顾及情面，要秉公查明，据实禀报。张之洞要求对并入的经心书院的学生也严格考核：“两湖书院之北省诸生及经心书院肄业诸生，彼此均可互考，均与外课同。”“将经心讲舍优生合并选择。应调诸生，或才识出群，或多闻博览，或志行不苟，或好学深思，均在可选调之列。”

（一）书院管理

两湖书院最初的管理比较松散。教学方面，采取有什么教师就开什么课的办法。1895 年以前，分教并不上课，学生有问题到分教处去请教，分教会在预定日期在书院内讲某一问题，学生则集体去听讲。分教各就所长来施教，哪位分教的听课学生多些，其声誉就显得高些。教学内容方面，两湖书院除增加一些西方近代科学知识外，与传统的书院相差不大。1895 年后，两湖书院改变过去分散教学的办法，开始实行分班上课。书院因未设专门的教室，便在正学堂大厅内四面墙上设置黑板，大厅并未隔开，四块黑板下设置四个讲席，四位分教可以同时讲课。学生进入大厅，可按自己的兴趣到某一分教座旁去听讲，每次课程大约一小时，缺课或未听懂者，可在空暇之时到分教房里去请教。

在两湖书院，学生的学习最初以自学为主，选读什么课程不受限制，也无所谓毕业，学生愿意什么时候离开就可以什么时候离开，走时书院也不发给文凭。但如果想补缺进书院，则必须通过推荐和考核。由于书院提供给学生的待遇十分优厚，除个别学生因在外边谋到官职而离开外，很少有学生自行离开。学生在书院里还可以开馆带徒弟，收取一定学费以补充生计。曾在两湖书院就学的唐才常在一封家信中说：“自居书院以来，游息自如，了无束缚，可谓极人生自得之乐。”

两湖书院毕业生张知本

两湖地区学生聚集在书院中，人多事繁，书院必然要制定一些规章制度以便管理。张之洞总结创办武昌经心书院、成都尊经书院、广州广雅书院的经验，借鉴历代书院的制度，并充分考虑了两湖地区社会发展的现状和两湖书院建设中所遇到的问题，于光绪二十三年（1897）亲自制定了《新定两湖书院学规课程》[①]，对学生的作息、请假、会客等进行了详细地规定。两湖书院请假制度严格，不过书院也不是整天把学生关在院内，两湖书院的毕业生张知本后来在访谈中说，书院平常有旬假，每月三次，此外，“每年十二月二十日，至来年正月二十日，放冬假一月”。

两湖书院严格规范学生的行为举止和衣帽着装，学生上堂，均须着

① 《湘学新报》第七册，光绪二十三年（1897）五月二十一日刊印。

冠，坐定可除冠。两湖书院有体操课，学生出操时统一着装，秋冬着蓝呢短袄，春夏着短衫，不按要求着装的学生将受到惩罚。书院还制定了一些禁例戒条，如："院内禁吸洋烟，禁赌博，禁代人作颂词，禁酗酒叫闹，禁结党生事，禁鄙悖无礼，违者即行屏斥出院。"，"专派提调一员，督同监院二员，稽查考核。如调院之后有干预外事、荒嬉废学、侮慢师儒、不敬官长、诋毁先贤、妄谈时政者，皆为干犯学规，随时查明，屏逐出院。"

书院对学生提出厚望，"广置书籍，以供博览。严立学规，以端趋向。勤考日记，以验功修。博约兼资，言行并勖"①。张之洞要求书院学生不修时文，认为书院是专门培养经世致用名臣、名儒的地方。但这本身就是矛盾的，因为在当时学生要想成为名臣，只有通过科举考试这一条途径。因此，张之洞反对学生主修时文，却支持学生参加科举考试。两湖书院将"其愿习时文者，北省诸生俱准送入江汉书院应课，无须另行甄别"，至于南省的学生，家乡路途遥远，如第二年要回乡参加岁科两试，一定要先跟书院汇报，根据考试时间提前回籍准备应试。

张之洞认为："新学既可以应科目，且与时文无异矣。况既习经书，又兼史事、地理、政治、算学，亦必于时文有益，诸生自可于家习之，何劳学堂讲授，以分其才思、夺其日力哉？"② 张知本也认为在书院学习经史以及算学等对写作时文是有益处的，而且学习新学也可以促进对时文的学习。全身心致力于举业，不仅不是实学，而且会窒碍学业之进

---

① 《咨南、北学院调两湖书院肄业诸生（附单）》，《张之洞全集》第 4 册，第 2756 页。
② 《劝学篇·设学第二》，《张之洞全集》第 12 册，第 9741 页。

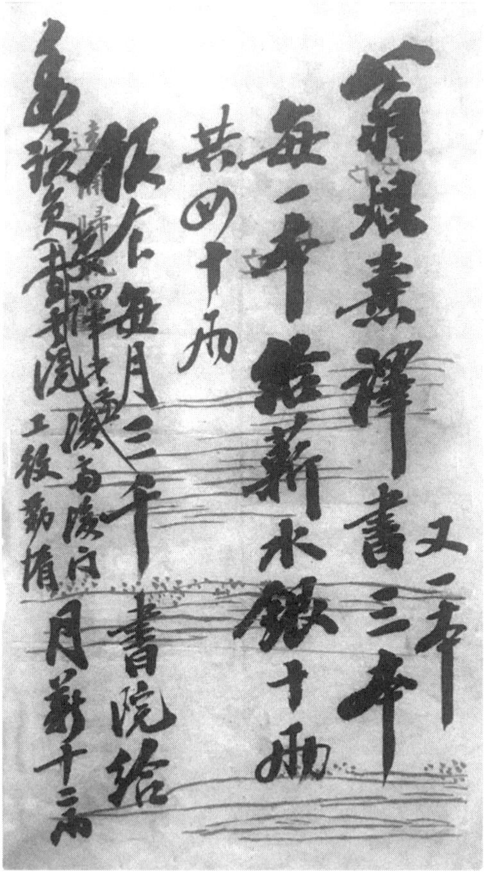

张之洞致两湖书院院长梁鼎芬手札

步，分散精力。[①] 学生可以在学堂或书院学习新学，在家学习时文，这样就能学习与应试二者兼顾。1893 年湖北乡试，两湖书院肄业生 200 余人中，有 23 人中举，约占全部肄业生的 11%，可见两湖书院学生仍是以科举为进身之阶的，因为只有通过科举才能“出为名臣，处为名

① 《张知本先生访问纪录》，台北“中央研究院”近代史研究所 1987 年版，第 7 页。

两湖书院旧影

儒”。后期书院改制，培养目标发生转变，书院“惟以造真才济时用为要归”，“大旨皆以中学为体、西学为用，既免迂陋无用之讥，亦杜离经叛道之弊”①。培养近代意义的通才，才能使国家富强。

（二）学生待遇

两湖书院的学生待遇较高，学生一旦进入两湖书院，每名学生每月有膏火银三两，每月官、师二课，均有奖赏，以课卷成绩之高下判定奖赏等级，唯草率谬妄者没有。此外，经录取而不愿住院者，为外课生。自行投考者，为附课生。外课生与附课生每月亦二课，有奖赏，无膏火。奖赏视人数斟酌，无定额。两湖书院的学生张知本有次年终大考各

① 《两湖经心两书院改照学堂办法片》，《张之洞全集》第2册，第1299页。

门成绩优良，共获得奖学金七十多两，而当时大米市价仅为数百文钱一石，故书院学生生活极为优裕，各种奖学金加起来甚至可以赡养家眷，学生在书院可以安心读书。

三、两湖书院的师资

两湖书院由于学生太多，教学任务繁重，特别是试卷评阅工作繁重，所以，两湖书院设南北两监院具体管理院内事务。两监院虽名义上有南北之分，实际上院内一切事宜皆由两监院协调办理，无严格的南北之分。1891 年，张之洞委任陈宗濂为提调，罗田县教谕关棠和湖南候选训导成克襄为北监院与南监院。他认为关棠学行端雅，成克襄守谨学纯，两人品行兼优，“于两省诸生，尤能浃洽”，因此张之洞同时又聘请他们为分教，身兼教学和管理两职。

两湖书院的师资力量雄厚。张之洞十分重视人才培养，而教师是培养人才之人，更需经过严格选拔。“所有书院提调及北、南两省监院各员，亟应遴选派定，以专责成。”张之洞为两湖书院选取的教员大多是有功名、才学兼优的人士。天文、数学、测量、化学、博物及体操等科目的教员，尤为博学之士。张之洞曾云“吾分教皆为海内绝学”，虽不免过分自夸，但距事实不远。

两湖书院成立之初聘请的各科目分教，经学有易顺鼎、杨裕芳、钱桂笙等；史学有杨锐、汪康年、姚晋圻、沈曾植等；理学有邓泽、周树模、关棠等；文学有陈三立、屠寄、周锡恩、杨承禧等。这些人当中至少有一半是进士出身，他们不仅旧学造诣深，西学亦有一定积累，并且思想倾向维新。如易顺鼎曾问业于清末著名的学术大师王闿运，与曾国荃、曾纪泽、郭嵩焘等人也有交往，曾一起“究谈时政”。杨锐是张之洞在四川尊经书院的得意门生，对时政颇为热衷，是戊戌

易顺鼎

汪康年

沈曾植

周树模

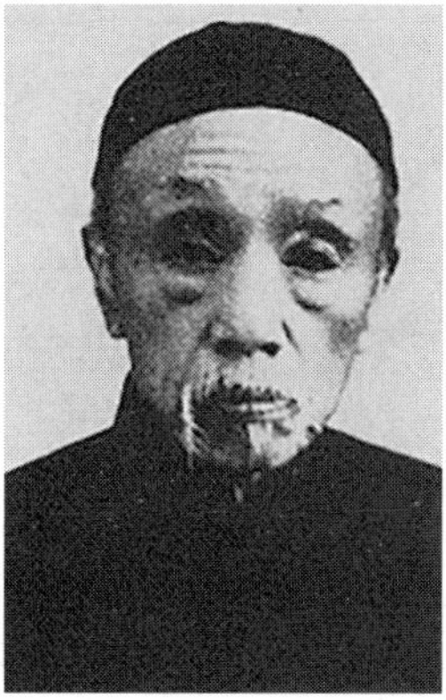

陈三立

政变中牺牲的“戊戌六君子”之一。汪康年于 1896 年返回浙江后创办了求实书院，不遗余力地提倡西学，并且与梁启超创办《时务报》，倡言维新。陈三立此时已经有维新变法的思想，后来帮助其父陈宝箴在湖南推行新政。周锡恩虽为翰林，但对时务也非常积极，曾在黄州经古书院讲授时务。

两湖书院后来改制，聘请了教习 16 人，其中杨守敬、华蘅芳、徐振清（徐光启的后裔）、邹代钧等，都是学贯中西的名家。舆地学方面有邹代钧、杨守敬，兵法史略学方面有陈庆年，算学方面有华蘅芳、汤金铸、曹汝英，测绘学方面有罗照沧，化学方面有徐振清，天文学方面有贾文浩，博物学方面有王季徵。这些人的学术水平当时在国内处于领先地位，如地理教师邹代钧曾经跟随刘瑞芬参与过中俄勘界，故开设有中俄勘界记课程，编有《中俄勘界记讲义》数十篇，该讲义附有精详路

徐建寅（左一）、华蘅芳（左二）、徐寿在江南制造总局翻译馆合影

杨守敬

华蘅芳

邹代钧画像

徐建寅

程图。化学教师徐建寅是汉阳铁厂火药工程师，开设有无机化学课程。数学教师汤金铸从算术教起，再教几何原理、代数备旨等。测绘教师罗照沧用经纬仪教授测量，也发给学生绘图仪器，经常带学生到野外进行实际测绘。

两湖书院教师待遇优厚，体现了张之洞尊师重道的思想。书院的章程中规定分教薪资为月银三十两，监院薪资为月银二十两。据张知本回忆，实际上分教待遇为“月薪一百两，并配房屋一栋，其时候补道尚无此待遇”[①]。这与张之洞规定的教师月薪相差太大，有夸大之嫌，但可见张之洞重视师资，愿意出重金聘请名师，故能集“海内外之绝学”。

四、两湖书院的经费来源

两湖书院的建立主要靠绅商捐助，但仅靠捐助不是长久之计，因为书院无学田，经济来源十分不固定，且获得的捐助数目有限，而书院的开支甚巨。当时，湖北、湖南两省各书院经费大多出自盐商捐赠，而汉口商务中茶商人数最多，湖南、湖北两地茶商每年在社会公益活动中捐赠的资金最多，于是张之洞会同江汉关道，劝谕南茶各商，每茶百斤捐银一钱，以充书院常年经费。与此同时，两湖书院对茶商进行补偿，即于两湖肄业生课额二百名外，增设商籍课额四十名，以昭奖劝。后来因书院用费巨大，南茶商捐助不够书院开支，张之洞于是要求北茶商也同样捐银，“南茶、北茶各商，事同一律，自应通力合作，以襄盛举”，北茶各商“向有堡工捐每茶百斤捐银七分之外，另捐银三分，专充两湖书院常年经费”，并立为定案，规定此款不能挪作他用，专作书院的经费。这样，南茶、北茶各商所捐银相同，公平合理。茶商们所出甚微，众擎易举，而振兴乡里之人才，培养自家之子弟，收效甚大，因此，对己对人，都是善举。“商籍申送及投考者至一百余人之多，士论欢欣，群情景附，毫无间言。”各商均知所出甚微，收效甚大，且所成就者非其子弟，即其戚党，楚弓楚得，众情乐从，毫无

① 《张知本先生访问纪录》，第6页。

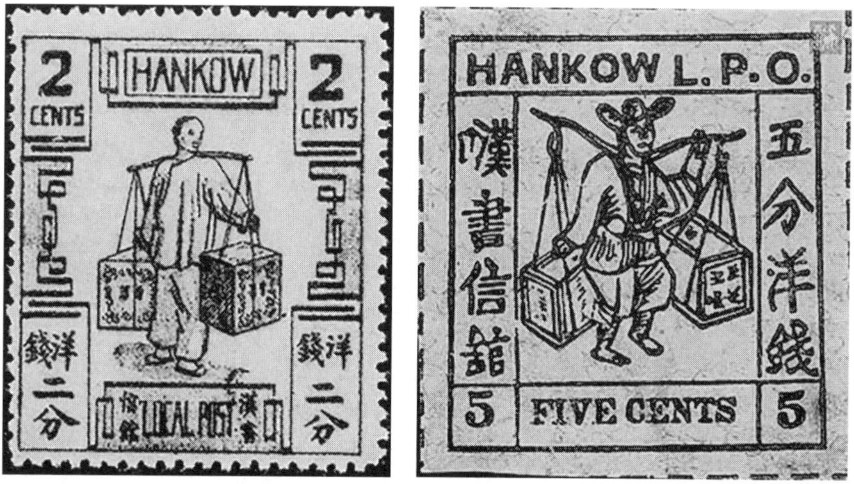

担茶人邮票

勉强。①

五、教学内容：由经世致用到中体西用

张之洞在兴办洋务和创建新式学堂的过程中，发现了许多问题，思想也在不断变化，因此，两湖书院的教学安排也有一个变化的过程。两湖书院的教学内容最初为经学、史学、理学、文学 4 门，1896 年末废除理学和文学两门，留下经学、史学两门。1897 年，书院规定课程为经学、史学、舆地、算学 4 门，4 门中尤其重视算学，这对在书院学习的唐才常影响很大，他多次写信给其兄弟要他们重视算学。1898 年 5 月，张之洞参照学堂办法对两湖书院进行改革，对书院的教学内容进行调整，改变书院教学内容不能满足现实社会需要的状况，以造就济世真

---

① 《查明茶商捐助书院学堂经费商情乐从折》，《张之洞全集》第 2 册，第 788—792 页。

才。张之洞将两湖书院的课程分为经学、史学、舆地、算学4门，图学附于舆地，要求学生4门都要兼通。9月，又增添天文、经济两门，延请分教六人。

张之洞曾制定《两湖书院各分教规程》及《新定两湖书院学规课程》，对书院的课程设置、教学方法都作了规定。课程设置方面，"现课经学、史学、舆地、地图、算学六门，兹除经学、史学原系书院所当讲求外，查测绘、地图本系兵法中最要之务"，"应即将地图一门改称兵法"，分为兵法史略学、兵法测绘学、兵法制造学三类。张之洞对时务课非常重视，梁启超、汪康年等人1896年在上海办《时务报》，张之洞曾让湖北全省官销此报，让书院学生阅读。1897年春，在梁启超的建议下，张之洞将时务课改为必修课，规定所有学生都必须学习时务。光绪二十六年（1900）八月，两湖书院再增格致、体操两门课程。到这时，西方实用科学在书院的地位实际上已经高于经史之学，经史词章等传统教学内容逐渐被挤出了课堂，对经史等内容，学生仅"每日晚间限定必看数条，不必求多"。

两湖书院可以说是最早开设兵法课的书院。晚清时局日益艰难，慈禧懿旨要求学院讲求实学，注重文武兼修，注重武备，"兵法一课"成为书院教学的当务之急，两湖书院积极响应懿旨，开设体操课，为学生学习军事打下基础。体操教习由之前派往日本学习体育的学生担任，书院学生每天下午均自觉到操场锻炼身体，先徒手学习柔软体操，然后学习器械体操。两湖书院还在书院后的空地搭建兵法体操棚，学生在此练习简易的招式，如空手体操、运动木椎、铅椎、擎枪、托枪、推枪、超乘诸法等。此外还有放枪及行军两种课程，行军犹如今天的野外演习，冬夏各一次，一在青山，一在洪山。

后来，书院又开设军操课。据曾在两湖书院学习的陈英才回忆，为

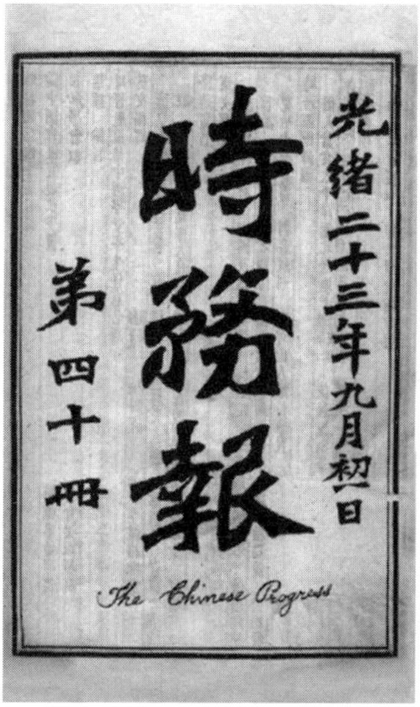

《时务报》

了方便学生进行军事训练，两湖书院特地给学生拨发短衣短裤和枪支弹药，出军操时学生身着“戎装”，全副武装。军事教官是军营临时派来的，军操分为步操、炮操、马操等类，步操教官来自平湖门外工程营，马操教官来自马队，炮操教官来自炮队。学生每天下午出操，大家背着毛瑟步枪到后院操场集合，一直练到下午五点左右。通过一两年的训练，多数学生不仅学会了步兵的动作，骑马和实弹射击也有了一些基础。1900 年 3 月 27 日，张之洞“阅武汉练军防营于洪山，分甲乙对垒，演习行军，两湖书院、武备、自强、工艺各学堂学生临同演习”。当时两湖书院和其他学堂的学生均参加全省陆军会操演习，在洪山露营三天，两湖书院学生打靶成绩良好。黄兴比张知本高一届，在校时地理与体操成绩优秀，每次考试这两门的成绩都是第一，尤其放枪、跪卧速度

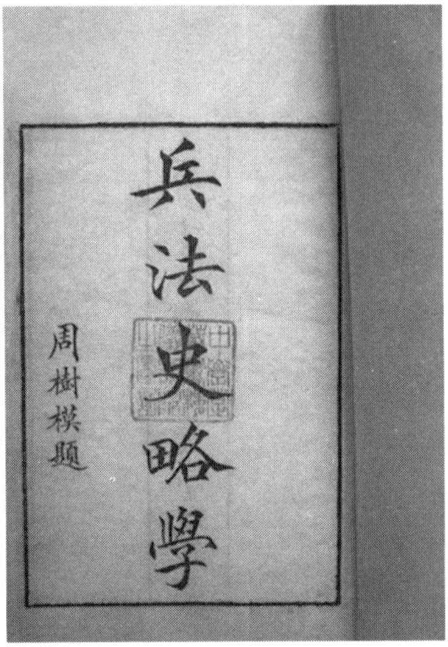

两湖书院刻印的《兵法史略学》

两湖书院刻印的《春秋世族谱》

比较快，这些学习经历为他后来参加革命打下了基础。

教学内容的改变扩大了书院学生的视野，增加了学生的知识量。在书院教师的严格训练下，两湖书院学生的综合素质不断提高，得到社会赞誉。1901 年初，张之洞准备向朝廷进呈《大清一统志》，因《大清一统志》需要配图，张之洞便要求两湖书院的学生绘制两幅地图及赤道南北恒星图。两湖书院的学生很快就绘制好了，得到了张之洞的赞赏。此外，书院的学生还能够制作地球仪，世界各国地理概貌可从上面一望便知，为此，端方赞扬两湖书院学生数年来“成材甚众”，奏请予以奖励。

六、教学方法：传统与现代相结合

在教学方式上，两湖书院最初为分散讲习，后改为讲堂教学，后又改为班级授课。1895 年以前，两湖书院在教学上无明确计划，采取因人设课的办法，教学方法侧重于让学生自学。当时，学生的课业不多，也无周密的学习计划，书院不限制学生选读的课程，学生也没有修业期限。1895 年后，两湖书院开始进行改革。

（一）分班分科教学

1895 年开始实行的讲堂教学，也存在一些弊端：一是书院没有固定的课程表，由分教选定讲课时间后临时牌示，故难与学生沟通；二是同时在厅内讲课的分教太多，三四个分教同时上课时，互相干扰在所难免，学生难以兼顾同时上课的课程，不免顾此失彼。因此，1896 年 11 月，张之洞进一步改革教学制度，“仿学堂办法，改两湖书院月课为日课。分经、史、舆地、时务四门，诸生按日上堂”。学生每天上下午各上两次课，每次两小时。书院实行分科分班教学，当时书院共有学生二百四十人，每三十人为一排，共分八排（“排”是两湖书院的教学单位，是引入西方教育制度后的班级教学的例证）。分科目分教室教学，经、史两门，在讲堂楼上；地理、算学两门课，在讲堂楼下。“经、史、地、算四门，分日轮习，前四排单日经、史，双日地、算，后四排单日地、算，双日经、史。试以前四排为例，如初一日第一排先在楼上东堂听讲经毕，即过西堂听讲史；第二排先在西堂听讲史毕，过东堂听讲经，听毕，即下堂回斋；第三排亦先经后史；第四排亦先史后经。楼下五六七八后四排，互听地、算，亦同例。”① 这一课程安排井然有序，具有现代班级授课的特点，有利于提升学生的兴趣和提高教学质量，这一模式后来在其他书院和学堂中也得以应用。当时，除经学、文学课外，其余课程都没有教科书，均由各分教自编讲义，油印后发给学生，有的则将讲稿誊录在黑板上，由学生自抄。

---

① 《新定两湖书院学规课程》,《湘学新报》第七册，光绪二十三年（1897）五月二十一日刊印。

（二）考试方法和记分方法

两湖书院的中学各科，如经史、国文等，用纸笔考试，年终时一般为张之洞亲自出题，采用传统的分等级的评判方法。西学科目实行四分制，因为张之洞认为若司马温公为“九分人”，那书院学生能达到其一半，即足为当代佳士。西学各科都在黑板上出题作答，教室周围原已遍悬黑板，每逢考试之晨，监督掌灯入内，在黑板上写上学生姓名，至上课时，分教在各黑板上写出试题，学生立即作答。此种方式，类似于我们现在的演算直观教学，一方面可收师生互相切磋观摩之效，一方面可以督促学生平时努力，因为当众作答不可能有半点弄虚作假。这种方法对教师的要求很高，因为各个学生试题不相同，教师若非饱学之士，亦难斟酌妥当。[①] 学生平时成绩采用记分法，每月终统计分数多寡，这便是“月课”。1896 年，两湖书院依学堂办法，将“月课”改为“日课”，即按日上堂听课，张之洞还制定了更为细致、具体的考试制度，两湖书院每一门功课均实行月考，仿照西方学校制度，当堂交卷，成绩张榜公布。算学还要计算学生平时的成绩。两湖书院考试细则如下：“诸生学业，须考分数，分教随时面加询考，或所讲能全记，所看能全通，或略记略通，或全不记不通。每一门各作一分，或足数或不足数，分教旬终记之。四门合为四十分，监督月终记之，以为甲乙进退。分数多者有奖。”

（三）循序渐进和培优结合的原则

两湖书院重视算学，算学科目当时在书院中是一门新的学科。为了让学生学好算学，书院循序渐进地讲授算学。刚学时，许多学生感到学习算学比学习其他科目更辛苦，于是书院选拔院内算学成绩较优秀的学生八人

① 《张知本先生访问纪录》，第 6—13 页。

为领班学生，多给予膏火，令其秉承传述。此八人及其余学习算学已有门径者，由分教、帮教另教以精深算法。因此，书院的算学实际上实行分层次教学，因材施教，同时让成绩优异者当老师的助手，帮助差生，相互切磋，共同进步。

分散讲习、讲堂教学、班级授课这三个阶段，实际也是旧式书院向近代学堂过渡的三级阶梯。两湖书院的教学方法有的是由传统的教学方法演变而来，如变教师讲论为讲演，改笔问、批答为师生自由讨论；有的是将古代教学法的精华灵活运用到书院的教学中，如保留勤学日记、定期检查、奖优罚劣等，这是对中国古代传统教学方法的继承和发展。传统与现代的教学方法在两湖书院交相辉映，推动书院迈向近代化。

张之洞十分重视两湖书院的教学，亲自制定各种学规章程和制度，如光绪二十三年（1897）制定《新定两湖书院学规课程》，其主要内容是：

一、设立书院之意。本为储材致用，经学、史学、地图、算学四门，皆致用必需之学，缺一不可，兹定为四门兼习。

一、每日清晨，学生分排赴讲堂，听各分教师、帮分教师讲论，指授本日功课，考核昨日功课，诸生上堂，均须著冠，坐定可除冠，衣履不拘。

一、书院共二百四十人，每听讲三十人为一排，共分为八排。

一、讲经、史两门，在讲堂楼上；讲地、算两门，在讲堂楼下。

一、经、史、地、算四门，分日轮习，前四排单日经、史，双日地、算，后四排单日地、算，双日经、史。试以前四排为例，如初一日第一排先在楼上东堂听讲经毕，即过西堂听讲史；第二排先在西堂听讲史毕，过东堂听讲经，听毕，即下堂回斋；第三排亦先经后史；第四排亦先史后经。楼下五六七八后四排，互听地、算，亦同例。

一、讲小学，即附于经学之内，与经学合为一门。

一、讲测绘地图，即附于地理之后，与地理合为一门。

一、算学必须逐步清楚，方能前进，考核指授，视他学为劳。派院内已造算学之诸生八人，为领班学生，加给膏火，令其禀承传述。此八人及其余算学已有门径者，由分教、帮教，另教以精深算法。

一、理学书每日晚间限定必看数条，不必求多。应看何书，听理学分教师酌示，只须点勘句读，不自发议论，由分教酌量，分日接见。

一、每日两监督，各传诸生约十人赴监督院接见，以备考核功课，其应传何人，听监督院酌选，大率每一月两监督得与诸生二百四十人接见一周。

一、每日早讲时，两监督分在讲堂楼上下照料稽查。

一、诸生遇有各门疑义，准其问于师长，惟人数众多，晷刻有限，只可笔问。有问者自书一纸呈上，听候批答，不得故意驳辩，当面纷呶。且只准向（问）现在所授之书，所讲之义，不得蔓引游谈，违者以犯规论。

一、诸生各功课簿五本，经学、小学、地学、史学、算学各一本，听受者记于一簿，看某卷起止记于簿，不准自发议论。每日监院呈分教考核，每一月汇呈监督考核，平日分教监督调阅亦可。

一、诸生学业，须考分数，分教随时面加询考，或所讲能全记，所看能全通，或略记略通，或全不记不通。每一门各作一分，或足数或不足数，分数旬终记之。四门合作四十分，监督月终记之，以为甲乙进退。分数多者有奖。

一、月奖大约实到十人之中，酌中核计，有八得奖；若人数分数均多，人人有奖；人人分数均足，人人优奖；若人数分数均劣，则是全不受教，即均不给奖。其每月得奖之数，中等约六两，上等在六两以外，下等在六两以内，细数视分数功课之多寡，临时酌定。

一、四季官课有奖，略如向来朔望课名数银，细数视分数之多少，临时酌定，其如何课法，开学后详察再定。

一、闲人不准入院，尤不擅入诸生斋舍，如诸生有亲友来看，必须晤谈，限定每日申初后，门役号号，报知诸生，令在大门内东西两客会晤，为时过久，即须催出，不得久留。

一、每年十二月二十日，至来年正月二十日放冬假一月。

一、十日放旬假一日，诸生均不作事，听其出院游息。

一、寻常有要事请假，须报明监院，禀明监督，准假给牌，至久不得逾半日，惟不准频频请假，尤不准后期不归。

一、诸生均须住院，不得在外处馆，寓居亲友家或兼营他事，若自揣用度不足自给者，准其辞退。

一、院内不得留闲人，若非院内有名之人，虽父子兄弟叔侄，亦不入院同居，以免射影淆杂。监院不举报者有罚。

一、在院诸生不准应各书院课，以免分心。

一、除乡试外，不准给假，如有必须应科、岁两考者，勿庸来院。

一、院内禁吸洋烟，禁赌博，禁代人作颂词，禁酗酒叫闹，禁结党生事，禁鄙悖无礼，违者即行屏斥出院。

一、凡新调入院者，均由监督面考，考取者始收入院。

一、每一季官课一次，即就所请习者面考，如何考法，临时与分教、监督商定。

一、书院以五年为满，本部堂大课一次，堂上面考，上等咨送总署录用，中等外省酌给差委，下等呈遣，以后另招新生入院。①

七、两湖书院的学生

张之洞对两湖书院投入了极大的热情，吸引了各方名流来书院任教。十二年间，两湖书院弘扬国学、接纳西学，培养了很多优秀的人才，成为武汉地区自北宋以来影响最大的书院。黄兴、唐才常、章士钊、王葆心等都曾是两湖书院的学生。两湖书院名师云集，加上学生基础好，学生们参加科举考试都能获得好成绩，每届考取举人的人数经常占全省考取举人总人数的30%左右。1893年乡试，两湖书院肄业学生中式的达23人之多。光绪二十九年（1903）最后一次科举考试，因改成以策论文章取士，两湖书院的学生正好可发挥其所长，中式的学生达60多人。

张之洞视两湖书院为培养人才的基地，将它作为两湖地区后备官员的培养之所，他希望两湖书院的学生能够引领社会风气。两湖书院的许多毕业生后来被推荐出国留学深造，其中被送往日本留学的学生较多，前后共计三批，第一批是学军事的，有刘邦骥、哈汉章（曾任黎元洪总

---

① 《新定两湖书院学规课程》,《湘学新报》第七册，光绪二十三年（1897）五月二十一日刊印。

黄兴

唐才常

统侍从武官）、吴元泽（曾任标统）等20余人。第二批是学工商业的，有王锦芳（曾任中国银行副总裁），权量（曾任北京政府交通部次长），张鸿藻（曾在交通部门工作）等20余人。第三批是学教育的，共计33人，除了两湖书院的黄兴、陈英才等10余人，还有经心书院的李书城、李廉方等，以及江汉书院的何成濬等。两湖书院选拔留学生都由院长梁鼎芬亲自考核。留日学生被选出后，先集中在武昌县华林学日语，第二年才去日本。到日本后，先入宏文书院学习日语及普通学科，两年毕业后再入其他专门学校，有的入士官学校，有的入专科大学，有的入日本高师。

两湖书院自创建起到光绪二十八年（1902）改为高等学堂止，共办三届。据光绪三十四年（1908）至宣统二年（1910）湖广总督汇报的各实业学堂的有关资料显示，两湖书院肄业生共64人。64人中后来留学的有30人，占总数的47%。其中留日的24人，留美的2人，留欧的4人。他们留学时学教育的7人，学军事、警察的7人，学工业的2人，

两湖书院院长梁鼎芬

学法商的9人，其余5人不知所学。在这64人中，后来进入教育界的47人，参加革命的14人（如唐才常、黄兴等），从政者3人。教育界47人中，担任学堂监督与堂长（校长）的12人，教文史的11人，教数学、物理、化学的10人，教农学、工学的3人，其他11人。显然，两湖书院毕业的学生主要服务于教育界，但参加革命的也不少，这与张之洞创建书院的目的背道而驰，张之洞亲自培养了清王朝的掘墓人，落下了“种豆得瓜”的结果。

两湖书院的学生张继煦、李书城、程明超等在日本曾创办《湖北学生界》，以“输入东西之学说，唤起国民之精神”为宗旨，宣传革命和变法的思想。《湖北学生界》由学生自筹资金印刷，黄兴、李书城主持，后改名《汉声》，主要宣传同盟会的思想。

张之洞把两湖书院作为后备官员的培养基地，将大多数毕业学生推

李廉方

章士钊

王葆心

张继煦

荐到各地任职。一些年纪较大的学生被推荐到各府、县教书或者到教育管理部门任职，当时哪里成立小学，哪里就有两湖书院的学生任教。两湖书院的毕业生口碑很好，基础知识扎实。晚清时期满汉有分别，满族人享有特权，两湖书院的满族毕业生如舒清珂、施履本后来从事外交工

《湖北学生界》

清末留日学生

作，而汉族毕业生则只有少数人进入政、军界，绝大多数到教育部门工作。汉族毕业生中，湖北籍的陈毅后来当过包头都统，并在东北中俄边境某城任职，这与他在两湖书院读书时精研中俄地理知识有关；安徽籍的汪曦芝后来担任过北京政府总检察厅检察长。

两湖书院还有相当一部分毕业生成为后来创办新式学堂的骨干力量，如京师优级师范学堂（北师大前身）首任监督陈问咸（湖北安陆人）。有的则成为辛亥武昌首义的骨干力量，如黄兴。

八、两湖书院的影响和地位

清代时，传统的教育机构主要有学宫、书院、私塾、社学与义学五种。学宫也称孔庙，一般每个府、州、县都设有一所，由政府派遣教官二人主持。清初规定，新录取生员，在学宫肄业，由教官负责考核，并将其课业与品行报告学政，所以当时在学宫学习的人极少，仅有月课、季考两种考试。嘉庆以后，这种制度因学生待遇差、教官失职等原因逐渐被废止，学宫逐渐失去教育的功能，仅剩下祭祀的功能，于是书院、社学、私塾和义学便成为地方上重要的教育机构。书院相当于中等教育机构，是地方人才主要生长之地，因此受到地方官绅的重视。清代时各地修建的书院数量不一，与各地文风、经济、风俗有密切关系。私塾、社学、义学是学生接受启蒙教育或中等教育的地方，多为学生启蒙之所，属于基础教育。因此，在教育制度亟需改革时，书院成为晚清许多进步官员关注的重点，“书院是传统教育中唯一值得注意的，新的学堂，因受到经费与人才的限制，一时无法迅速增加。因此，书院便成为新旧教育转变过程中一个重要场所”①。

① 苏云峰：《张之洞与湖北教育改革》，第 61—62 页。

清末书院大都为讲求理学的书院和专门应付科举考试的书院。应付科举考试的书院课程设置紧紧围绕科举考试，学生在书院中除学习八股文外，不学习实用型的知识，其弊端逐渐凸显。此时，书院事实上已经和官学一样，一般都有膏火作为津贴发给学生，以解决学生的后顾之忧，让学生安心向学。不过，一些学生将膏火当作维持生计的主要来源，其中不乏一些家庭贫困的学生，待在书院纯粹是为了获得膏火，因此改革书院几乎成为当时社会的共识。但是如何改革呢？两湖书院的改制是其中比较早的尝试。

两湖书院的改制是传统书院向新式学堂转变的一种尝试，是清末经世致用思潮转向中体西用思潮在实践层面的体现。两湖书院从重视实用的经史之学到引进西学，在近代是合乎逻辑的发展。但书院一直徘徊于传统与现代之间：学生不修时文，却仍以考取功名为主要目标；教学内容既有经史之学，也有西学；教学方法传统与现代相结合。在张之洞推动书院改革的力度逐渐加强的情况下，两湖书院成为湖北地区的最高学府，也是全国书院改制的模范。

两湖书院所进行的教育改革，虽没有完全超出传统教育的范围，但对湖北社会仍产生了一定的影响。就书院的改制而言，两湖书院的尝试是湖北书院改制的前奏。在两湖书院的影响下，湖北的许多书院都开始有了变化，如襄阳知府与绅士增减鹿门书院斋舍数十间，添派郧阳学生入院肄业，并捐银七千余两；荆门龙泉书院增添斋舍十五间，增加学生与院长的经费，添购书籍。继两湖书院改制为学堂后，经心、江汉两书院也随后进行了改制。由于戊戌变法运动失败，全国的书院改制也受到了影响，张之洞曾停止在湖北省进行书院改学堂的行动。直到光绪二十八年（1902）清末新政颁布新的学制，现代学制才开始在全国推广，书院改学堂活动才重新全面铺开，当时湖北地区基本以两湖书院作为改

刘坤一

制的模板。

1901年，湖广总督张之洞、两江总督刘坤一领衔向朝廷上奏，请求变法，奏折由《变通政治人才为先遵旨筹议折》《遵旨筹议变法谨拟整顿中法十二条折》《遵旨筹议变法谨拟采用西法十一条折》《请筹巨款举行要政片》组成，即“三折一片”，时称《江楚会奏变法三折》。清廷随后正式下令将全国各地书院改为学堂，全国各地纷纷遵旨办理。1903年，两湖书院改为两湖文高等学堂，成为包括文、理、法等八科的高等学堂，凡入学堂者，必先补习普通科一年，两湖文高等学堂开两湖地区大学预科学堂设立之先河。为解决湖北新学堂的师资问题，1904年，张之洞改两湖文高等学堂为两湖师范学堂，大量培养学堂教员。这一系列革新措施开启了湖北地区的教育由传统向现代转变的进程。

从两湖书院到两湖文高等学堂，再到两湖师范学堂，再到两湖总师范学堂，两湖书院经历多次转变。它从创建、完善到最后改制，每一步都凝聚着张之洞的心血，反映着张之洞的思想由经世致用到

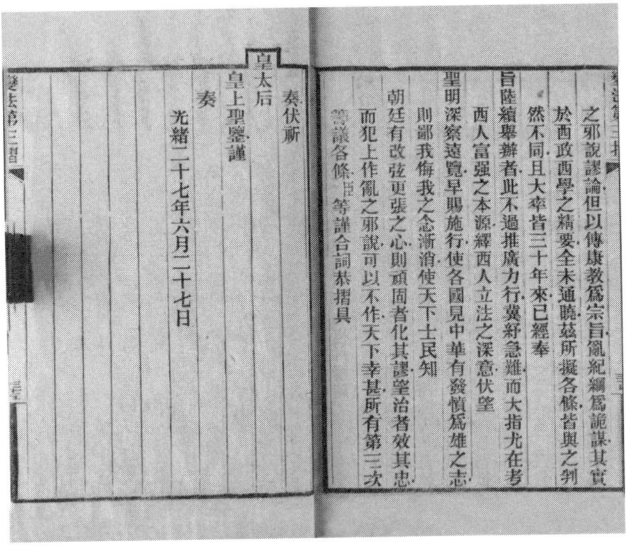
之邪說謬論·但以傳康教爲宗旨·亂紀綱爲詭謀·其實
於西政西學之精要全未通曉·茲所擬各條·皆與之判
然不同·且大率皆三十年來已經奉
旨陸續舉辦者·此不過推廣力行·冀紓急難·而大指尤在考
西人富強之本源·繹西人立法之深意·伏望
聖明深察遠覽·早賜施行·使各國見中華有發憤爲雄之志·
則鄙我侮我之念漸消·使天下士民知
朝廷有改弦更張之心·則頑固者化其謬·望治者效其忠·
而犯上作亂之邪說可以不作·天下幸甚·所有第三次
籌議各條·臣等謹合詞恭摺具
奏·伏祈
皇太后
皇上聖鑒·謹
奏
光緒二十七年六月二十七日

《江楚会奏变法三折》

中体西用的转变。两湖书院是张之洞创建的经心书院、尊经书院、广雅书院的延续，张之洞在改革湖北书院的进程中也认识到，小修小补的改革不能培养社会所需要的人才，于是下决心对书院进行改制。由于张之洞的努力，湖北地区的教育得到了一定的改善，并获得了有目共睹的成绩。

两湖书院在创建初期以经、史为主要教学内容，后因算学、经济学等科目的加入而区别于传统书院，这是张之洞经世致用思想的体现。随着开设的西学课程越来越多，经、史两门传统学科的地位日益下降，中学日少，西学日多，书院最终迈向了近代化。在改革教学内容的同时，张之洞还分期派遣书院的学生到日本学习陆军、实业、制造、师范等，到比利时学铁路、政治等，到法国学数学，这些学生学成回国后大多数在书院或新式学堂中任教，将西方最新的科学知识引入国内，推动了我国教育由传统向近代转变。两湖书院也从一个传统的书院逐渐转变为一所新式书院，最后成为一所新式学堂。

两湖书院最初是在茶商的捐助下创建的，专设商籍学生名额，让商人子弟入书院读书。但商人意不在功名，只希望能在书院中学习外语，了解商情，以便与外商交涉。1891 年，张之洞另设方言商务学堂、算学学堂，最后产生了不同于旧式书院的新式学堂——自强学堂。自强学堂由方言商务学堂改建，1893 年落成。由此可见，虽然两湖书院在改革中加入了许多新因素，但旧式书院仍无法满足现实的需要，无法与传统彻底割裂，于是经过痛苦的分娩，催生出了新式学堂。另一方面，新式学堂的创办经验也为传统书院改制提供了借鉴。

两湖书院藏书丰富，为湖北省图书馆的建立奠定了基础。书院开设之初，张之洞就设立南北书库，藏书非常丰富，经史子集都有。1904 年，湖北省图书馆以湖北各书院的藏书作为基础开馆，其中特藏图书大多来自两湖书院，湖北省图书馆还保留了一部分两湖书院的藏书

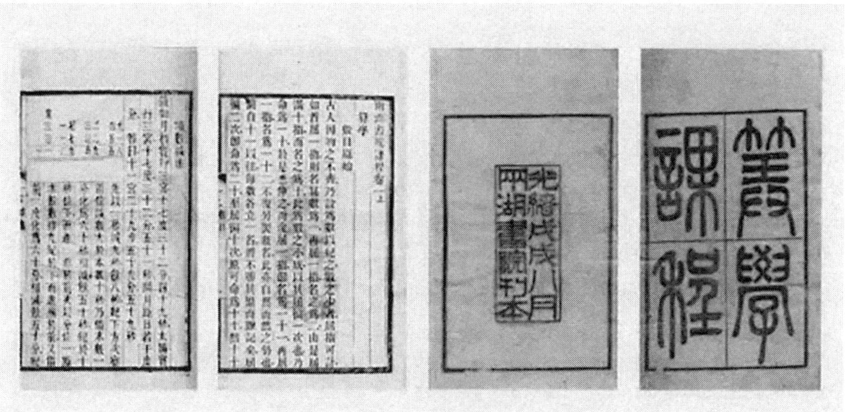

两湖书院刊刻的《算学课程》

湖北省图书馆兰陵街馆舍书库外景（1908 年）

柜。两湖书院南书库在今武汉大学医学职业技术学院内，曾被作为中药库，经过修整后外壳犹存，“南书库”三个大字非常醒目，但南书库于 1996 年被拆除。

武汉中央军事政治学校大门（麦小朵绘）

两湖书院（麦小朵绘）

两湖书院大讲堂（麦小朵绘）

两湖书院旧影（麦小朵绘）

梁鼎芬（麦小朵绘）

附录：两湖书院楹联精粹

荆衡秀气，邹鲁遗风。

——清代张之洞题两湖书院大门

正气长存，流形一院；
学业精进，驰誉两湖。

——清代张之洞题正学堂

志在春秋，行在孝经，此为鹄臣鹄子；
虽有文事，必有武备，法我先圣先师。

——清代张之洞题正学堂

不出门须通天下事，知朝廷要用读书人。

——清代李彦章题通今轩

惟楚有材，数千年英豪层出；斯祠殿院，七十县先儒昭兹。

——佚名题楚学祠

往事忆觚棱，身别都门二十载；
新阳尽桃李，教成君子六千人。

——清代梁鼎芬题主讲寓宅

主恩先后三持节，臣本烟波一钓徒。

——清代张之洞题院舍

宋学积分三舍法，楚材淹贯九丘书。

——清代张之洞题院舍

北呼万岁天下定，南皮一老古来稀。

——清代梁鼎芬题院舍

唯楚庆多才，夹袋宏搜，安得万间开广厦；

取人不求备，锁闱清课，何妨六艺重专门。

——清代张之洞题院舍

第六章
张之洞与武昌书院的发展

一、张之洞与武昌书院的发展

张之洞（1837—1909），字孝达，号香涛、香岩，又号壶公、无竞居士，晚年自号抱冰。直隶南皮（今河北南皮）人，生于贵州兴义府（今安龙县）。清同治二年（1863）中进士，授翰林院编修。1867—1873年任湖北学政，后历任四川学政、山西巡抚。1889年7月调任湖广总督，1906年赴北京任体仁阁大学士和军机大臣，兼管学部。张之洞在湖北为官前后近二十年，他创办新学、改革军政、振兴实业，湖北由此人才鼎盛、财赋称饶，成为洋务新政后期的中心地区。张之洞作为晚清洋务派代表人物之一，在《劝学篇》中系统阐述了“中学为体，西学为用”的思想，这一思想是对洋务派和早期改良派基本纲领的一个总结和概括。张之洞与曾国藩、李鸿章、左宗棠并称晚清“四大名臣”。

张之洞是后期洋务派的首领，清末著名“能吏”。从1889年到1907年，他奠定了湖北重工业发展的基础，让武汉首次进入中国早期现代化城市的行列。在这里，他的个人事业达到顶峰，他为武汉这座城市留下极为丰厚的遗产。张之洞1889年调任湖广总督后，先后开办了汉阳铁厂、湖北枪炮厂，设立了织布、纺纱、缫丝、制麻四局，还创办

汉阳铁厂旧影

了白沙洲造纸厂、武昌制革厂、湖北毡呢厂、湖北官砖厂等。汉阳铁厂是当时亚洲第一家现代钢铁联合企业，湖北枪炮厂是当时设备先进的军工企业。在鄂期间，张之洞还主持修建了卢汉铁路（卢沟桥至汉口的铁路，后更名为京汉铁路），并督办了粤汉铁路。他实行开明的工商业政策，对民营工商业加以奖励扶助，创设商务局、商学会、劝业场，开通电话、电报等。

武昌蛇山上有为纪念张之洞而建的抱冰堂，黄鹤楼公园管理处曾斥资 70 万元将其精心修复，并用大量图片和文物展示“张之洞与武汉早期现代化”的关系，抱冰堂是黄鹤楼公园又一个充满历史韵味的建筑。抱冰堂中常设的“张之洞与武汉早期现代化”展览共分为清末之武汉、张之洞主持之“湖北新政”(兴实业)、张之洞主持之“湖北新政”

湖北织布局大门

(练新军)、张之洞主持之“湖北新政”(办教育)、遗泽广远五个部分，在这里，可以较为完整地看到张之洞在湖北的政绩以及他对后世的影响。武汉大学中国传统文化研究中心的冯天瑜先生这样评价张之洞：“张之洞督鄂18年间的新政实绩，为武汉的早期现代化进程作出了切实的贡献。他所开创的具有现代性质的制造业、工商业和文化教育事业等，有些在20世纪乃至当今仍在发挥作用。张之洞开拓风气、勤笃务实的进取精神，对于今天的武汉现代化建设事业，仍具有积极的启示作用。”

张之洞一生最主要的功绩是兴办教育和实业。在教育方面的功绩，一是兴办新式学堂，一是改革旧式书院。张之洞对书院可谓是情有独钟，他在任职之处均新建书院，他为中国教育由传统向现代转型作出了

抱冰堂

历史性的贡献。张之洞任湖北学政时捐廉创立经心书院，任四川学政时筹资创办尊经书院，皆选调高才生肄业其中，成就人才不可胜计。他任山西巡抚时，创立令德堂，让学生习经学古，不习时文。任两广总督时，在广州创立广雅书院，广雅书院规模宏整，“教广东、西两省人士以兴实学”，并“刊经史有用之书”。这些书院在当地都产生了深远影响，对以教授时文为主的传统书院也产生了极大冲击。

湖北地处长江中游，为南北要冲，武汉更有“九省通衢”之称，地理位置十分重要。湖北的汉口、宜昌均为通商口岸，在办理洋务、发展对外贸易等方面发挥了重要作用。湖北地区在清末有一定经济基础，工业较为发达，张之洞上任后雄心勃勃，试图将湖北建设为模范省，为此制定了各种发展计划。作为曾主管教育的官员，张之洞对人才在社会诸方面发展中所起的作用有较为深刻的认识，他深感“中国不贫于财，而贫于人才”，要发展事业，首赖人才，人才日多，国势日强。因此，他把办好学校、培养人才看作是振兴国家的根本，以兴学为治国之本。于是，建立与改革书院、储备人才就成为张之洞上任后急需解决的问题。

张之洞到任时，湖北有书院155所，在院学生共有四五万人，数量不算少。但这些书院多重科举、轻教学，“学官既不教士”，全靠学生自学，不能培养社会需要的人才，“士亦以利禄为事”，致使读书之士空疏而鲜实学。具体来说，此时书院只考课，没有进行正常的教学活动。所谓考课，就是定期举行的模拟科举考试的测试，通常每月举行两次，考试的内容多偏重八股制艺，甚少涉及经学或文学。此外，许多书院经费不足，师资严重缺乏，斋舍破旧，管理亦十分混乱，有其名而无其实，这些都严重影响了人才的培养。

湖北省属有三大书院，即江汉书院、经心书院、两湖书院，都在武昌。江汉书院创建于明朝万历年间，历经280余年，一直保持传统书院的风格，一直属于官办书院。经心书院和两湖书院名义上为官办民助，实际都是张之洞在湖北任职期间创建并亲自经营的。张之洞把这两个书院作为自己改革书院的试点及实现自己理想抱负的重要基地。

张之洞创办的经心书院、两湖书院正是近代武汉科教崛起的“星星之火”，其办学实践为中国近代高等教育的发展进行了积极的探索，播下了火种，奠定了基础，堪称近代武汉的文脉之源。

张之洞在湖北实施了一系列的教育改革，对湖北乃至整个华中地区的影响是深远的。张之洞督鄂期间创建的一系列新式学堂，如实业学堂、师范学堂、普通学堂等，形成了比较完备的教育体系，武汉地区许多学校的起源都可追溯至张之洞创办的学校，如著名的武汉大学，其前身是张之洞创办的自强学堂。自强学堂是张之洞在1893年创办的新式学堂，是他沿着创办书院的轨迹摸索出来的新式学堂。1898年，张之洞在省城东门外卓刀泉创建农务学堂，农务学堂1900年正式开学，聘请美国农学教习2人指导学生研究农桑畜牧之学。1902年，农

张之洞

务学堂迁移到武胜门外的多宝庵（今湖北大学校园内），开设高等正科，并改名为湖北高等农业学堂，附设实验场，这是湖北最早的近代农业学堂，也是现今华中农业大学的前身。张之洞于1898年创立的湖北工艺学堂，与现今武汉理工大学、华中科技大学、武汉科技大学、河南工程学院、郑州电力高等专科学校等均有一定的渊源关系。近代以前，湖北传统教育在全国处于中游水平。到了近代，武汉教育在张之洞的主导下实现了一次崛起，教学规模和教学质量当时均处于全国前列。清末武汉教育事业的迅速发展，为今天武汉成为华中乃至全国重要的教育、科技中心奠定了基础。

张之洞督鄂期间创建的新式学堂，大多位于今武昌区，他创建的湖北省图书馆等重要文教机构也多位于武昌，这为武昌近代教育和文化事业的发展奠定了基础。

自强学堂旧影

二、现代经心书院

现代经心书院复建于2015年，由湖北省一批有志于复兴传统文化的优秀企业家众筹复建而成。复建后的经心书院坐落在风景秀丽的东湖风景区磨山樱花园内，它以“文化传承、智慧分享、兼济社会”为宗旨，致力于搭建传统文化传播与传承的多维度公益服务平台，致力于以榜样的力量传递智慧，分享知识，传播正能量。

现代经心书院不大，但远离喧嚣，建筑古雅。书院不远处，是一片湖水，湖上朝飞暮卷。书院四周树木葱茏，鸟语花香，沁人心脾。人们白天可以在此读书、闲走、聊天、看景色；晚上可以听山风、嗅绿意、听附近虫鸣鸟啾。书院室内雅洁，有书可翻，有笔可写。

复建后的经心书院门前立有两座铜人像，一位是张之洞，原经心书院创建者；另一位是从经心书院走出来的、曾任新中国第一任农业部部

复建后的经心书院旁的李书城雕像

长的李书城。

穿过院门，便进入孝达堂，迎面扑来的是古朴典雅的装饰和厚重的人文气息。这间以张之洞的字“孝达”为名的孝达堂是对游客免费开放。室内共有八个书柜，藏书众多，涵盖中外名著、国学经典、儿童读物等。室内更有公益讲座、儒经选讲等视频，每天滚动播出。

与孝达堂一门之隔的是讲堂。每当举行读书活动时，两堂间的排门可以收起，形成一个超大的会场。讲堂的布局比孝达堂更讲究，一排排桌椅摆放整齐，一桌配两把椅子，排成两列，尽头处是讲台，讲台宽且长，讲台座椅上还有一个印有荷花图案的靠垫。讲台座椅后面挂着孔子的画像。书院每月组织公益性读书活动时，参与者到达会场都要先向孔子像行施拜礼。

复建后的经心书院经常开设公益道德讲堂，对广大市民免费开放。同时，定期举办企业家讲堂，内容涵盖文、史、哲等。复建后的经心书院已成为湖北英才读书学习、沟通交流、明辨荣辱、修身养德之场所。

自正式开放以来，院内1600余册中英文书籍，以及书法、太极拳、活字印刷、古琴、茶艺等极具中国传统文化特色的体验项目吸引了不少市民到访参观。“开放首日，首批入驻军运村的中国代表团便来体验了一番，这也是书院迎来的第一批运动员。”此后十几天里，书院还迎接了来自匈牙利、卡塔尔、美国、瑞士、白俄罗斯、印度、纳米比亚等国的运动员参观。

经心书院复建后推出了经心读书会、经心大讲堂、能量午餐、道德讲堂等文化活动，现已经完成近百场；举办了祭孔大典、最美读书

复建后的经心书院

人摄影大赛、楚天少儿诗歌大赛、全国书院高峰论坛、中国文化产业峰会、荆楚文创节、万人唱诵《离骚》等文化活动20余场；向社会捐款捐物价值累计逾1200万元。此外，经心希望书屋等公益项目也赢得了各界好评。

张之洞（麦小朵绘）

自强学堂（麦小朵绘）